Informatik-Fachberichte

Herausgegeben von W. Brauer
im Auftrag der Gesellschaft für Informatik (GI)

23

Karl-Heinz Hauer

Portable Methodenmonitoren

Dialogsysteme zur Steuerung von Methodenbanken: softwaretechnischer Aufbau und
Effizienzanalyse

Springer-Verlag
Berlin Heidelberg New York 1980

Autor

Dr. Karl-Heinz Hauer
Leiter der Methodenentwicklung
CTM GmbH
Max-Stromeyer-Str. 37
7750 Konstanz

AMS Subject Classifications (1970): 68–02, 68A500
CR Subject Classifications (1974):

CIP-Kurztitelaufnahme der Deutschen Bibliothek

Hauer, Karl-Heinz:
Portable Methodenmonitoren: Dialogsysteme zur Steuerung von Methodenbanken, softwaretechn. Aufbau
u. Effizienzanalyse / Karl-Heinz Hauer. - Berlin, Heidelberg, New York: Springer, 1980.
(Informatik-Fachberichte; 23)

ISBN-13: 978-3-540-09876-8   e-ISBN-13: 978-3-642-67563-8
DOI: 10.1007/978-3-642-67563-8

für

Benjamin

Daniel

Hilmar

Sigrid

Karin

Vorwort

In den Jahren 1974 bis 1978 förderte das Bundesministe-
rium für Forschung und Technologie (BMFT) im Rahmen des
2. und 3. DV-Programmes der Bundesregierung das For-
schungsprojekt 'Ökonometrische Methodenbank'. Zielsetzung dieses Projektes war, ein für den praktischen
Wirtschaftforscher und den Wirtschaftswissenschaftler
an den Hochschulen gleichermaßen auf unterschiedlichen
Rechenanlagen einsetzbares DV-System zu schaffen. Aufgrund der komplexen Aufgabenstellung waren sowohl an
der Konzeption als auch an der DV-technischen Realisierung des Projektes verschiedene Gruppen beteiligt. Herr
Dr.K.H.Hauer war als Leiter der mit der Entwicklung
des zentralen Steuersystems betrauten Gruppe auch
mit der notwendigen Koordination der einzelnen Gruppen
befaßt. Seine Erfahrungen und seine Überlegungen zur
Bewältigung der im Rahmen eines derartigen Projektes
auftretenden Probleme schlagen sich in der hier vorliegenden Abhandlung nieder. Zahlreiche hochaktuelle Fragestellungen des Software Engineering und des Projekt-
managements sind mit Blick auf Methodenbanken angesprochen. Dabei geht es ihm weniger um eine Darstellung der
in dem speziellen Projekt gewählten Lösung, sondern
vielmehr um eine saubere Klärung häufig verwendeter
Begriffe, wie z.B. 'Methodenbank', und um eine operable
Fassung von häufig genannten Forderungen der Software-
Technologie, wie z.B. 'Portabilität'. Im Vordergrund
steht daher die Diskussion grundsätzlicher Lösungsmög-
lichkeiten der immer aktueller werdenden DV-technischen
Probleme bei der Entwicklung anwendungsnaher Software,
wie die sogenannten Methodenbanken. So verstanden, kann
der Diskussionsbeitrag von Dr.K.H.Hauer einem großen
Interessenkreis eine Fülle von Anregungen geben.

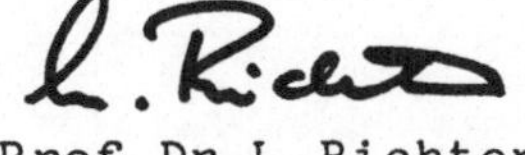

Prof.Dr.L.Richter
Universität Dortmund

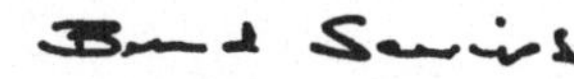

Prof.Dr.B.Schips
Hochschule St. Gallen

Inhaltsübersicht

Einleitung

Каждый обязан свои лучшие силы

посвятить делу большинства.

С.В.КОВАЛЕВСКАЯ

E i n l e i t u n g

Die vorliegende Schrift befaßt sich mit der Konstruktion von portablen Dialogsystemen zur Steuerung von
Methodenbanken - oft kurz als Methodenmonitoren bezeichnet. Dabei werden die grundsätzlichen Begriffe und
Fragestellungen erörtert, die mit dem Phänomen "Methodenbanken" auftreten.

Dazu gehört zu allererst der Begriff des Bausteins, der
in Gestalt eines vorgefertigten Produktes - fungierend
als Werkzeug, Spezialinstrument, Konzentrat hochspezia-
lisierten mathematischen oder sonstigen Wissens - als
Element einer Methodenbank auftritt. Dabei spielt die
Frage der Qualitätsbestimmung eines Bausteins, der auf
ihn anzuwendenden Beurteilungskriterien und seiner
softwaretechnischen Normierungen eine wichtige Rolle.
Ferner wird die prinzipielle Softwarestruktur eines
Methodenmonitors dargelegt, und analysiert, welcher als
generalisiertes Überwachungssystem auf Bausteinbibliotheken (=Methodenbanken) operiert, in gewisser Weise
ähnlich wie Datenbank-Management-Software auf Datenbanken agiert. Da Bausteine in erster Linie den Charakter
wiederverwendbarer Instrumente haben sollen, ist ein
weiteres zentrales Thema die Portabilität: Es wurde aus
den gewonnenen Erfahrungen eine pragmatische Methode
zur Erreichung der Portabilität von FORTRAN-Programmen
zusammengestellt, die auf sehr vielen Rechnern anwendbar ist, wo ein FORTRAN-Compiler existiert. Weiterhin
werden die grundsätzlichen Fragen der Organisation
einer Methodenbank diskutiert.

Da die vorliegende Schrift auf einer konkreten Entwicklung beruht, die von Januar 1975 bis Dezember 1977 als Teil eines Forschungsprojekts mit dem Titel "Ökonometrische Methodenbank" (abgekürzt MEBA) unter der wissenschaftlichen Leitung von Prof. B. Schips, Hochschule St. Gallen, durchgeführt worden ist, werden auch Fragen der Programmiermethodik, Softwareproduktion und Projektführung erörtert, wobei ausschließlich auf in der Praxis erprobte Ansätze zurückgegriffen wird.

Demgemäß orientiert sich die gesamte Darstellung an Erfahrungen der Praxis. Dabei ist an vielen Stellen der Bezug zu Fragen aus dem Bereich Ökonometrie und Unternehmungsforschung erkennbar. Ferner ist in vielen Einzelfällen und Beispielen bewußt eine Beschränkung auf diesen Anwendungsbereich gemacht worden, z.B. eine Einschränkung auf die für die Numerische Mathematik typischen Datenstrukturen.

Im Rahmen des Forschungsprojektes "Ökonometrische Methodenbank" habe ich als Projektleiter bei dem Mathematischen Beratungs- und Programmierungsdienst GmbH in Dortmund einen Methodenmonitor (abgekürzt Steuersystem MEBA) für die Ökonometrische Methodenbank MEBA entwickelt. Die Motivation, die hier vorgelegte Schrift anzufertigen, kam aus dem Bestreben, in der Praxis angewandte Lösungstechniken und Entwicklungsansätze außerhalb des gegebenen Termin- und Budgetrahmens aufzuschreiben und zu verstehen.

An dieser Stelle möchte ich den Herren Prof. Dr. L. Richter, Universität Dortmund, und Prof. Dr. B. Schips, Hochschule St. Gallen, herzlich dafür danken, daß sie durch stetige Anregungen und Diskussionen zum Gelingen dieses Buches beigetragen haben. Ferner danke ich dem Mathematischen Beratungs- und Programmierungsdienst GmbH in Dortmund für die Unterstützung beim Schreiben dieses Buches. Besonders danke ich Frau R. Merkel für die Sorgfalt, die sie beim maschinellen Erfassen und Ausgeben des Textes auf einem Schreibautomaten aufgewendet hat.

Konstanz, im Oktober 1979

K.-H. Hauer

Organisatorisches zum Text:

<u>Bemerkung 1:</u>
Im folgenden wird das in 1/(HAUE76) beschriebene System
als das "Steuersystem MEBA" bezeichnet.

<u>Bemerkung 2:</u>
Wenn im folgenden spezielle Begriffe, die nur im Rahmen
der Terminologie eines Betriebssystems definiert sind,
verwendet werden, so erfolgt dies - stets durch einen
Doppelpunkt getrennt - zusammen mit der Angabe des betreffenden Betriebssystems, z.B. ExexcRequest: EXEC8.

<u>Bemerkung 3:</u>
Es wird nach folgendem Schema zitiert:

$$n/(aaaajj) \quad bzw. \quad n/(aaaajj.i)$$

Dabei ist n= 1,...6, wobei n auf einen der sechs Teile
des Literaturverzeichnisses weist. aaaa sind die ersten
vier Buchstaben des ersten Autors oder Herausgebers
einer Literaturstelle, oder die Abkürzung einer Institution, bei der die betreffende Literatur erschienen
ist. jj ist das Erscheinungsjahr. Ist es notwendig, zu
einem Schlüssel n-aaaa-jj mehr als ein Zitat aufzunehmen (zwei Publikationen eines Autors in einem Jahr,
Autoren mit vier gleichen Anfangsbuchstaben), so werden
die einzelnen Zitate durch i= 1,...9 unterschieden, und
es wird die zweite Zitatform gewählt.

Teil I:

Steuerung von Methodenbanken

1. Grundbegriffe

a) Ausgangsbasis zur Entwicklung von Methodenbanksteuersystemen
   (Methodenmonitoren)

Der Ausgangspunkt ist naheliegend: Es ist die Idee, vorgefertigte
Bausteine als "Programmkonserven" so flexibel wie möglich zur Dis-
position von Anwendern zu haben. Der Begriff "Methodenbank" ist
flugs geprägt, und es besteht die Gefahr, ein Modewort zu haben.
Da der hierdurch angesprochene Themenkreis ein reges und breit ge-
streutes Interesse findet - wie z.B. auf einer von der GMD veran-
stalteten Tagung über Status und Anforderungen auf dem Gebiet der
Modell-Software 2/(GMD76) festzustellen war, - ist es angebracht,
über die begrifflichen Grundlagen hierzu Erörterungen vorzulegen.

Beim Einrichten von Methodenbanken sind folgende drei Grundaufgaben zu lösen:

(G1) *Als Daten aufgefaßt sind die Elemente einer Methodenbank
     (Bausteine) datentechnisch zu organisieren. Die Zu-
     griffe auf sie sind zu regeln.*

*(G2) Als Elemente einer Bibliothek sind die Bausteine "biblio-
thekarisch" zu verwalten; d.h. sie müssen gemäß fachbe-
zogener Auswahlkriterien in der Bibliothek aufgefunden
und mit anderen Bausteinen in Beziehung gebracht werden.*

*(G3) Als vorgefertigte Werkzeuge müssen sie in handlicher Weise
vom Anwender manipulierbar sein; es ist ein System so einzurichten, daß mit den Bausteinen experimentell umgegangen
werden kann.*

Hierdurch wird der Software-Chrakter eines Methodenbank-Steuersystems bestimmt: Es enthält Eigenschaften wie ein

- Betriebssystem (vgl. (G1)),
- Informationssystem (vgl. (G2)) und
- Dialogsystem (vgl. (G3)).

Ähnlich wie eine Menge von Daten nicht notwendigerweise eine
Datenbank ist, wird eine Sammlung von Algorithmen erst dann als
Methodenbank zu bezeichnen sein, wenn die dazugehörige Steuerungs-
software gewisse Voraussetzungen erfüllt.

Die Notwendigkeit der Entwicklung von Softwaresystemen zur Steuerung von Methodenbanken (Methodenmonitoren) kann (siehe w.u.)
an der Geschichte der computergestützten Datenanalyse demonstriert
werden. Ebenso wie es Datenbanksysteme gibt, bei denen der materielle Inhalt der gespeicherten Information völlig unabhängig von
der entwickelten Softwarestruktur ist, sind Methodenbanksysteme
erforderlich, bei denen der Zweck des jeweiligen Bausteins bzw.
das spezielle Einsatzgebiet des Gesamtsystems nicht der zentrale
Gesichtspunkt bei der zu realisierenden Softwarestruktur ist.

Wie die Geschichte der statistischen Datenanalyse 1) zeigt, gibt es
einen zwangsläufigen Entwicklungsgang, der zur Konzeption von
Methodenmonitoren geführt hat. Dies hat drei Gründe:
1) ähnliche Entwicklungen gibt es auch im ingenieurwissenschaft-
lichen Bereich, wie dies z.B. durch das System IST demonstriert wird (vgl. (PAHL73)).

*1. Die einzusetzenden Analysemethoden sind in vielen Fällen
komplexe mathematisch-statistische Verfahren, bei deren Anwendung genaue Kenntnisse der numerischen Mathematik erforderlich sind.*

*2. Das zu untersuchende Datenmaterial ist in der Regel umfang-
reich, komplex strukturiert und lückenhaft (denn es werden
bei Messungen, statistischen Erhebungen etc. nicht immer
lückenlos alle Daten erfaßt).*

*3. Bei einer statistischen Datenanalyse sind u.U. eine Reihe
alternativer Rechnungen nötig, um Ergebnisse miteinander
vergleichen bzw. Einzelergebnisse beurteilen zu können.*

Als zu Beginn der sechziger Jahre die Programmiersprachen ALGOL
60 und FORTRAN laufend Verbreitung fanden, war es möglich, die
einzusetzenden Analysemethoden als wiederverwendbare Programme
zu erstellen und in Algorithmensammlungen (Bibliotheken) bereit
zu halten. Der Einsatz dieser "Programmkonserven" ("canned" pro-
grams) erfolgt unter Steuerung von Parameterkarten, welche notwendige Informationen über zu verarbeitende Daten und verfügbare
Benutzeroperationen spezifizierten. Eine der ältesten und sehr
häufig eingesetzten Sammlungen dieser Art ist die BMD-Reihe (vgl.
2/(DIX073)). Damit ist der erste der drei die Entwicklung mar-
kierenden Gründe getroffen.

Ein weiterer Meilenstein in der Entwicklung waren "integrierte"
Programmsysteme, wie z.B. das Data-Text-System 2/(ARM071). Die
meisten vorgefertigten Programmkonserven gingen davon aus, daß
der Dateneingabe für eine statistische Analyse aufbereitet und
fertig sei. Daß dies selten der Fall ist, war wohl eine der
größten Frustrationen für den Benutzer. Vor Anwendung komplexer
mathematischer Operationen ist das gegebene "Rohdaten"-Material
häufig zu prüfen, zu modifizieren und zu transformieren. Ferner
genügen die vorgefertigten Programmkonserven häufig nicht einheitlichen Datenschnittstellen. Bei ihrer Verknüpfung sind u.U.
umfangreiche "Zwischenprogrammierarbeiten", wie Datentransfor-

mationsprogramme erforderlich. Ferner ist der Aufbau der Kon-
trollkarten für den Benutzer oft nur sehr umständlich zu über-
schauen; es werden willkürliche Symbole und Codes verwendet,
die von der Forderung nach Benutzerfreundlichkeit meilenweit
entfernt sind. Es lag daher auf der Hand, Systeme zu errichten,
die in ihrem Entwurf von vorneherein den genannten Schwierigkeiten Rechnung tragen. In diese Klasse von Systemen gehört z.B.
auch SPSS, vgl. 2/(NIE70). Hiermit ist die zweite der o.g. Ent-
wicklungsursachen ins Spiel gekommen.

Der zunehmende Einsatz mathematisch-statistischer Methoden in
vielen Bereichen der Praxis, z.B. bei Durchführungen von Pla-
nungen in der öffentlichen Verwaltung, eröffnete ein weiteres
Anforderungsprofil an eine computergestützte statistische Datenanalyse. Will man die bisherige Planungspraxis computergestützt
auf Großrechner ausdehnen, ist es notwendig den Charakter der
herkömmlichen, durch Tischrecher gestützten Vorgehensweise bei
der statistischen Analyse zu erkennen.

Dieser besteht darin, daß unter Zuhilfenahme eines Tischrechners
Teilanalysen angefertigt werden können, daß Ergebnisse und Teil-
ergebnisse temporär oder permanent aufgehoben werden können, daß
beliebige Rückgriffe auf ältere, zeitlich zurückliegende Ergebnisse, die in Schubladen oder Aktenordnern aufbewahrt sind, erfolgen können, daß also ein Analysator in dauernde, von ihm beliebig zu bestimmende Interaktionen mit früheren von ihm selbst
oder anderen (Kollegen) erstellten Ergebnissen treten kann, wobei beliebige Zeitintervalle des Nachdenkens (Recherchierens,
Telefonierens, Konferierens, Literatur Studierens, Akten Durch-
suchens etc.) verstreichen können.

Diese permanente Interaktionsmöglichkeit - der Benutzer soll in
seiner prinzipiellen Arbeitsweise unterstützt und nicht notwendigerweise geprägt werden - , die nur in Dialogsystemen sinnvoll
realisiert werden kann, eröffnet die Möglichkeit alternativer
Rechnungen, bei denen z.B. auch experimentell unterschiedlich
programmierte mathematisch-statistische Algorithmen eingesetzt
werden können. Dies führt zwangsläufig zu der Konzeption eines

Methodenbank-Steuersystems, das es einem Benutzer erlaubt, beliebigen interaktiven Zugriff auf die Elemente einer Methodenbank (Bausteine) nehmen zu können. Zur Realisierung dieser Grundanforderungen ist ein intensiverer Einsatz softwaretechnologischer Entwicklungsmethoden erforderlich, als dies bei den ersten beiden genannten Entwicklungsstufen der Fall war. Insbesondere spielt der Begriff der Modularität und das Festlegen einer geeigneten Sprachebene zur Beschreibung der Grundfunktionen des Steuersystems eine zentrale Rolle. Dies wiederum hat Auswirkungen auf die Entwurfsmethodik.

Ein derartiges System ist in seiner Ausprägung in gewissem Sinne einem Betriebssystem sehr ähnlich. Es treten hierbei prinzipielle Schwierigkeiten auf, die in den vorhandenen Begrenzungen der existierenden Betriebssysteme liegen, insbesondere bei manchen Bindern: Das Ziel, Bausteine zu höheren Einheiten zur Laufzeit verknüpfen zu können, wird am leichtesten durch die Verwendung eines dynamischen Bindeladers erreicht. Nicht in jedem Betriebssystem ist aber eine derartige Einrichtung (Systemdienst) vorhanden.

Damit ist eine dritte Entwicklungsstufe charakterisiert, zu der das System MEBA gehört.

b) Bausteine und Methoden

Ein <u>Baustein</u> ist ein Modul, das eine genau zu definierende Leistung erbringt. Er ist innerhalb eines oder mehrerer Fachgebiete klassifizierbar. Er stellt eine Grundeinheit dar, von der es sich lohnt, sie als Werkzeug präsent zu haben, um hiermit und im Verbund mit anderen Bausteinen komplexere Software-Konstrukte <u>sicher</u> aufbauen zu können.

Nicht jede bei der Programmierung von Bausteinen benötigte Subroutine soll als Baustein bezeichnet werden. Ein Baustein stellt vielmehr ein Software-Gebilde höherer Komplexität dar, das aus folgenden Elementen aufgebaut sein kann, wie in Abb. 1 dargestellt:

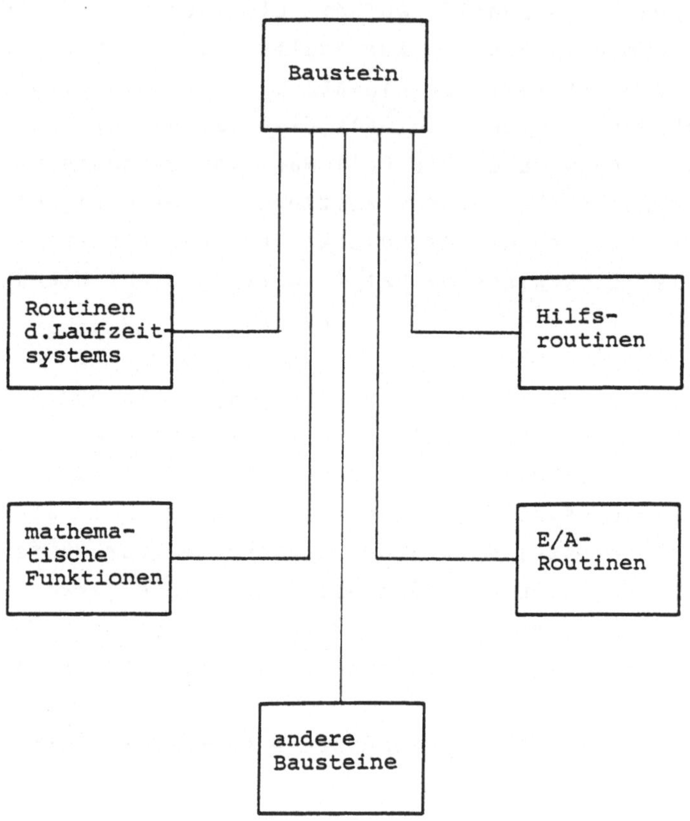

Abb. 1:   Komplexität eines Bausteins

- Routinen des Laufzeitsystems des verwendeten Compilers,
- mathematische Funktionen,
- Hilfsroutinen, die vom Bausteinprogrammierer entwickelt
  werden, um sie ggf. in mehreren Bausteinen zu verwenden,
- E/A-Routinen, d.h. Unterprogramme, die die für einen Baustein durchzuführenden Ein- und Ausgabefunktionen und ggf.
  Datenbankschnittstellen enthalten,
- andere Bausteine.

Ein Baustein wird gewöhnlich nicht isoliert erstellt, sondern er
wird im Zusammenhang mit anderen bzw. im Bezug auf schon vorhandene Bausteine angefertigt. Dies heißt also, er ist Teil eines
Bausteinsystems, dessen Architektur gesondert einzurichten ist
und das für den einzelnen Baustein wie ein "Koordinatensystem"
wirkt. Als Einzelobjekt betrachtet müssen bei der Erstellung eines Bausteins folgende charakteristische Programmieraktivitäten
durchgeführt werden:

- Analyse und genaues Verständnis eines (z.B. mathematischen)
  Detailproblems,
- das Zerlegen des Problems in wohlformulierte Grund-Verar-
  beitungsschritte,
- der Aufbau komplexer Kontrollstrukturen aus den Grund-
  Verarbeitungsschritten,
- Analyse und Definition von Datenstrukturen, die zur Bear-
  beitung des Detailproblems von Nöten sind,
- Testen, vor allem Testen der Richtigkeit der programmierten
  Kontrollstrukturen,
- Dokumentation der erstellten Programme,
- Wartung der erstellten Programme.

Alle diese Probleme können der Bausteinprogrammierung ange-
lastet und dort erledigt werden, so daß mit dem Bausteinprinzip
ein wesentliches Moment der Rationalisierung eintritt.

Das Zusammenfügen von Bausteinen zu komplexeren Verarbeitungs-
einheiten bezeichnet man als das "Komponieren von Methoden". Eine
"Methode" ist daher ein aus Bausteinen zusammengesetzer Komplex.

Der Kompositionsprozeß ist ein Vorgang der Programmierung, der
jedoch wesentlich einfacher als das Erstellen von Bausteinen
bzw. das Programmieren schlechthin ist. Er ist durch folgende
Charakteristika ausgezeichnet:

- Die Notwendigkeit, bis zur letzten Konsequenz ein (z.B. mathematisches) Detailproblem verstehen und aufbereiten zu müssen, entfällt.
- Es sind nur einfache Kontrollstrukturen nötig (z.B. in der Regel keine geschachtelten Schleifen, nicht ineinander verschachtelte IF-Anweisungen).
- Einfache Kontrollstrukturen sind weniger anfällig gegen schlechten Programmierstil. Probleme der Strukturierung treten nicht in den Vordergrund. Diese werden aufgrund des Bausteinprinzips bereits bei der Erstellung von Bausteinen gelöst und existieren für den Endbenutzer somit nicht mehr.
- Der Testaufwand, das Dokumentieren und Warten von komponierten Methoden kann sich direkt auf die zu lösenden Fachprobleme ausrichten und ist weitgehend von methodischen Fragen der Programmerstellung befreit.

Derartige Programmieraufgaben können durch eine kleine Teilmenge des Sprachvorrates existierender höherer Programmiersprachen erledigt werden. Integriert man jedoch diese Aktivität in ein Dialogsystem zur Komposition von Methoden, so ist es zweckmäßig eine gesonderte Sprache, die als Verknüpfungssprache bezeichnet werden kann, zu entwerfen und zu implementieren.

Eine Verknüpfungssprache ist somit ein interaktives Programmierhilfsmittel ganz besonderer Ausprägung: Es gestattet aus vorgefertigten Bausteinen neue und komplexere Softwareeinheiten aufzubauen. Wichtigstes syntaktisches Element ist dabei der in jeder Programmiersprache enthaltene Aufruf von Bausteinen. Jedoch ist hierbei zu beachten, daß erst durch Eingaben eines Benutzers entschieden werden kann, welcher Baustein aufgerufen werden soll. Eine Realisierung dieses Grundkonzepts ist am leichtesten durch die Verwendung eines dynamischen Bindeladers möglich.

Es erweist sich somit, daß das Bausteinprinzip und die Technik des Komponierens von Methoden ein wesentliches Element der Arbeitsteilung darstellen. Der Bausteinprogrammmierer konzentriert

sich auf ein bestimmtes Spezialproblem, das er als Algorithmus
formuliert, es programmiert, testet und dokumentiert. Dabei ist
ein Baustein nicht immer ein mathematischer Algorithmus. Es sind
auch Bausteine zur Bewältigung von E/A-Vorgängen, zur Erstellung
von speziellen Druckausgaben, zur graphischen Ausgabe etc. denkbar. Dabei kann auch innerhalb der Bausteinprogrammierung eine
sinnvolle Arbeitsteilung eingerichtet werden.

Der _Methodenentwickler_ hingegen konzentriert sich auf den Einsatz der Bausteine zur _Lösung_ bestimmter Fachprobleme. Dabei
kann er z.B. dem Endbenutzer die alternative Verwendung ähnlicher Bausteine ermöglichen, damit dieser bequem Alternativrechnungen oder Methodenvergleiche anstellen kann. Er hat aber auch
die Aufgabe, für die Arbeit des Endbenutzers passende Bausteine
auszuwählen.

Die aus Bausteinen komponierten Methoden bilden das eigentliche
Handwerkszeug des bei der Lösung spezieller Fragen beteiligten
Fachpersonals. Im Bereich der öffentlichen Planung (z.B. Stadt-
und Regionalplanung) bilden die komponierten Methoden die _Mo-
delle_, anhand derer Planungsaufgaben analytisch vorbereitet und
gelöst werden. In diesem Sinne kann man den hier geprägten Begriff "Methode" mit dem Begriff "Modell" gleichsetzen.

c) Methodenbank

Eine _Methodenbank_ besteht aus zwei Teilen: einer _Bibliothek von
Bausteinen_ und einem _Steuersystem_ zur Unterstützung der Komposition von Bausteinen zu Methoden. (Man müßte eigentlich präziser
von einer Bausteinbank sprechen).

Die Bibliothek der Bausteine ist eine Menge von Bausteinen, die
bibliotheksartig organisiert ist. Je nachdem, welche der o.g.
Grundaufgaben (G1), (G2) und (G3) beim Aufbau einer Methodenbank
stärker im Vordergrund steht, wird der Charakter des zu einer
Methodenbank gehörenden Softwaresystems bestimmt. Bei der Ent-

wicklung des MEBA-Systems z.B. waren die Grundaufgaben (G1) und
(G3) von primärer Bedeutung.

Ein Steuersystem einer Methodenbank besteht nach Meinung des
Autors aus zwei Komplexen, einem <u>System von Dateien</u> und einem
<u>System von Softwarekomponenten</u>. Letzteres besteht aus:

(S1)   *einem Syntaxprüfer einer Kommandosprache,*
(S2)   *einem Syntaxprüfer einer Baustein-Verknüpfungssprache,*
(S3)   *einem Methodeninterpreter und Aktivierer von Bausteinen,*
(S4)   *einem Paket elementarer Service-Funktionen,*
(S5)   *einem bibliothekarischen Auskunftssystem über die*
       Elemente einer Methodenbank,
(S6)   *diversen Subsystemen zur Erbringung gewisser Spezial-*
       leistungen.

<u>Zu (S1) und (S4)</u>: Als unterste Benutzungsebene sollen über eine
Kommandosprache eine Reihe von elementaren Diensten zugänglich
sein, wie etwa Ein- und Ausgabe von Datenelementen, Kopieren,
Löschen, Informieren über Dateiinhalte, Inhaltsverzeichnisse,
Einstellung von Steuerparametern, etc.

<u>Zu (S2)</u>: Der Syntaxprüfer einer Sprache zur Verknüpfung von Bau-
steinen bildet das Kernstück eines Methodenbank-Steuersystems,
bei dem das Komponieren von Methoden aus Bausteinen weitgehend
unterstützt werden soll.

<u>Zu (S3)</u>: Das Ergebnis der Syntaxprüfung einer in der Verknüp-
fungssprache formulierten Methode wird als besonderes Datum
(Steuerleiste) abgespeichert und als Eingabe für einen Interpreter verwendet, dessen zentralster Teil das <u>Aktivieren von</u>
<u>Bausteinen</u>, d.h. der Aufbau von geeigneten Versorgungen und das
dynamische Binden bzw. Starten der Bausteine, ist.

<u>Zu (S4)</u>: vgl. (S1)

<u>Zu (S5)</u>: Als besondere Dienstleistung ist ein bibliothekarisches
Auskunftssystem über die in einer Methodenbank enthaltenen Bausteine denkbar, insbesondere dann, wenn die Methodenbank sehr
umfangreich und heterogen strukturiert ist. Dadurch soll ein Benutzer die Möglichkeit erhalten, sich über die in einer Methodenbank enthaltenen Bausteine Information zu verschaffen. In der
Regel ist jedoch hierfür eine eigene Sprachebene sinnvoll, die
weder den Charakter einer Kommando-, noch den Charakter einer
Verknüpfungssprache hat. Hierbei sind die aus der Entwicklung
von Dialogsystemen bekannten sprachlichen Ansätze zu nennen (vgl.
z.B. 4/(KUPK76)).

<u>Zu (S6)</u>: Der Zweck einer Methodenbank besteht darin, Bausteine
zu Methoden verknüpfen zu können und die komponierten Methoden
als wiederverwendbare Objekte für den Endbenutzer einer Methodenbank präsent zu halten, der damit seine fachbezogenen Analysen und Berechnungen durchführt. Es kann dabei durchaus sinnvoll sein, für gewisse (standardmäßig benötigte) Verarbeitungen
den Prozeß der Methodenkomposition durch fest programmierte
Teilsysteme zu ersetzen und diese als Subsysteme in ein Methodenbanksystem zu integrieren. Es kann sich beispielshalber hierbei um spezielle mathematische Software, um Tabellengeneratoren,
Generatoren zur Erzeugung grafischer Ausgabe etc. handeln. Derartige Subsysteme können so komplex sein, daß zu ihrer Handha-
bung eine besondere Bedienungssprache mit eigenständiger Syntaxprüfung nötig ist. Es sei vermerkt, daß die Abgrenzung zu den
Service-Funktionen (S4) eine willkürliche ist, die nur durch die
Komplexität der Subsysteme gerechtfertigt ist.

<u>Zur technischen Erstellung der Softwarekomponenten</u> (S1) - (S6)
können die unterschiedlichsten Verfahren angewandt werden. So
ist z.B. der von R. ERBE und G. WALCH in 2/(ERBE75) dargestellte
Weg zum Aufbau eines Informationsnetzes zur Lösung der in (S5)
angedeuteten Probleme erwähnenswert. Ferner sind die Methoden
der tabellengesteuerten Syntaxprüfung für (S1) und (S2) besonders
geeignet. Bei der Festlegung der Kommandosprache (S1) und damit
bei der Festsetzung der Service-Funktionen (S4) können Bestre-
bungen zur Normung von Steuersprachen (Job Control Languages)

berücksichtigt werden (vgl. z.B. 6/(UNGE75)). *Die Implementie-*
rung eines Methodenbanksystems in dem hier definierten Sinne
ist nicht an ein besonderes Betriebssystem, bzw. an die Größe
eines Rechners gebunden. Je nach Ausprägung bzw. Vorhandensein
der Komponenten (S1) - (S6) ist, ein Methodenbanksystem prinzi-
piell auch auf Rechnern der Mittleren Datentechnik implementier-
bar. Andererseits kann zu den Verarbeitungsarten "Stapel" und
"Dialog" die Datenfernverarbeitung als dritte hinzutreten, was
z.B. im System METHAPLAN 2/(SIEM75) realisiert ist.

Als <u>Dialogsystem</u> sind für eine Methodenbank folgende <u>Sprach-</u>
<u>ebenen</u> von Bedeutung:

(I1)   *Kommandosprache*
(I2)   *Verknüpfungssprache*
(I3)   *Dialogeingaben in die Bausteine und Service-Funktionen*
(I4)   *Editiersprache*
(I5)   *Spezialsprachen*

<u>Zu (I1)</u>: Zur Vermittlung von Dienstleistungen (S4) an den Be-
nutzer eignet sich die Form einer Kommandosprache auf Schlüsselwortbasis. Die Art des hierdurch ermöglichten Dialogs besteht darin, daß der Aufruf eines Kommandos mit der Ausführung einer entsprechenden Service-Funktion beantwortet wird.

<u>Zu (I2)</u>: Eine Verknüpfungssprache ist eine Dialogsprache zur
Entwicklung von Programmen, wenn auch die hiermit entwickelten
Programme einen "eingeschränkten Komplexitätsgrad" gegenüber
allgemeinen Programmen besitzen.(vgl. 1b)

<u>Zu (I3)</u>: Es ist eine vielgeübte Praxis, daß durch Kommandos auf-
gerufene Dienstroutinen vom Benutzer im Dialog weitere Eingaben
verlangen, etwa der Art:

        ENTER   CONTROLS
oder
        RUECKVERFOLGER (J/N):

Man könnte die Eingabe derartiger Daten auch über entsprechende
Parameter, die in die Liste der Parameter des jeweiligen Komman-
dos aufzunehmen wären, vorsehen. Dies würde aber u.U. einige
Nachteile für den Entwurf der Kommandosprache nach sich ziehen:

- In die Liste der Parameter müßten Spezialtypen aufgenommen
  werden, die einen (schon aus Sicht der Benutzerfreundlichkeit) anzustrebenden einheitlichen Aufbau der Kommandosprache
  stören würden.
- Die Liste der Parameter eines Kommandos würde lang und damit
  unhandlich.
- Es wäre die Unabhängigkeit der Parameter eines Kommandos ge-
  stört. Dies ist folgendermaßen zu verstehen: Es ist beim Entwurf einer Kommandosprache stets anzustreben, daß das Auftreten eines Parameters nicht vom Auftreten eines anderen
  Parameters innerhalb eines Kommandos abhängt, und daß ferner
  die Werte der einzelnen Parameter nicht besonders voneinander
  abhängen. Es soll z.B. nicht der Fall eintreten, daß Parameter
  P1 eines Kommandos nur dann den Wert x_1 beim aktuellen Aufruf
  annehmen darf, falls Parameter P2 den Wert x_2 enthält.

<u>Zu (I4):</u> Allein schon die Notwendigkeit, vorformulierte, in der
Verknüpfungssprache abgefaßte Quelltexte aufbereiten zu müssen,
erfordert den Einsatz von Editierungsfunktionen. Ferner können
diese beim Formulieren von Kommandosequenzen und Vorbereiten
größerer Eingaben in Dienstroutinen verwendet werden. Es ist daher natürlich, zu verlangen, daß ein File-Editor in Zusammenhang
mit einer Methodenbank benutzbar sein soll. Dieser kann Teil
eines Methodenbank-Steuersystems sein (etwa als Subsystem in
(S6)). Da aber in vielen Betriebssystemen File-Editoren existieren, kann man durch ein geeignetes Schnittstellenkonzept von
Dateien, die sowohl vom File-Editor als auch von der Methoden-
bank-Software verarbeitet werden, die Aufnahme von Editierungsfunktionen in eine Methodenbank umgehen. Dieser Weg wurde z.B.
im MEBA-System beschritten.

<u>Zu (I5)</u>: In Erweiterung der von einer Dienstroutine oder von
einem Baustein gesteuerten interaktiven Eingabe, sind die in
(S6) angesprochenen Subsysteme mit Spezialsprachen ausgestattet.
Z.B. steht im MEBA-System eine "Spezialsprache" zur Verfügung,
die es erlaubt, ökonometrische Modelle zu formulieren. Die hiermit vorbereiteten Eingaben werden von einem speziellen Subsystem,
dem Modellinterpreter (vgl. 1/(SCHI76) und 1/(BMWI78)), gelesen,
geprüft und zu weiterer Verarbeitung aufbereitet.

Der zweite Komplex, aus dem ein Steuersystem einer Methodenbank
besteht, ist ein <u>System von Dateien</u>, das folgenden Aufbau hat:

(F1) Bibliothek(en) der Bausteine,
(F2) Bibliothek(en) der Dienstroutinen,
(F3) Beschreibungsdatei der Bausteine,
(F4) Datei mit Systemtexten (z.B. Fehlertexte) und Steuerdaten,
(F5) Verwaltungsdatei,
(F6) Arbeitsdatei,
(F7) Protokoll-Datei,
(F8) Editierungs-Datei,
(F9) "öffentliche" Dateien.

<u>Zu (F1)</u>: Die Datenorganisationsform der Bibliotheken bestimmt
die Art der Zugriffe des Steuersystems auf die Bausteine und die
Art der Zugriffe des Steuersystems auf die Bausteine und die
Dienstroutinen vgl. (F2)).

<u>Zu (F2)</u>: Bei Verwendung der Technik einer tabellengesteuerten
Syntaxprüfung und des dynamischen Bindens bzw. Startens ist es
zweckmäßig, eine Bibliothek der Dienstroutinen einzurichten,
deren Elemente unabhängig von der Steuerungssoftware aktualisiert werden können.

<u>Zu (F3)</u>: Um ein dynamisches Binden bzw. Starten und Versorgen
von Bausteinen durchführen zu können, ist das Erfassen einer
normierten Beschreibung für jeden Baustein notwendig. Diese besteht aus einem Datensatz variabler Länge, der z.B. für FORTRAN-
Subroutinen als Bausteine Information über Anzahl, Typ, Länge

und Verwendungsart der Parameter der Subroutine enthält. Der
materielle Inhalt einer Methodenbank besteht somit nicht nur
aus einer Menge von Moduln, die z.B. als IBM370/OS/VS2: Lade-
moduln in einer Bibliothek gespeichert sind, sondern gleichzeitig aus einem normierten Beschreibungssatz für jedes Element
dieser Menge, der zusammen mit dem betreffenden Modul erstellt
und bei einer Aufnahme in die Bibliothek der Bausteine in eine
gesonderte Datei eingefügt werden muß.

Zu (F4): Es ist allgemein geübte Praxis (und nicht eine Besonder-
heit von Methodenbanken), benötigte Texte, wie Texte von Fehlernachrichten, auf eine Datei auszulagern. Als besondere Steuerdaten in einer Methodenbank sind jedoch die als Ergebnis einer
Methodenkomposition anfallenden "Steuerleisten" zu erwähnen. Eine
einmal komponierte Methode steht auf diese Weise zur beliebigen
Benutzung zur Verfügung. Daneben sind noch weitere Steuerdaten
denkbar, wie Benutzerberechtigungssätze. Es ist daher zweckmäßig
derartige Daten in einer zentralen Datei zusammenzufassen.

Zu (F5): Um eine mehrfache parallele Benutzung eines Methodenbanksystems zu ermöglichen, sind die Zugriffe auf die einmal im
System vorhandenen Dateien wie (F3) und (F4) zu synchronisieren.
Hierzu wird eine spezielle Verwaltungsdatei eingerichtet, die
nach dem "Mail-Box-Prinzip" aufgebaut ist und in die automatisch
über jede Benutzung des Systems eine Kurzinformation abgelegt
wird.

Zu (F6): Zum Ablegen von Ergebnissen und Zwischenspeichern von
Daten dienen eine oder mehrere Arbeitsdateien. Hierzu gehören
auch Dateien zum "temporären Schreiben und Lesen" für die Bausteine ("Schmierdatei").

Zu (F7): Das Abhalten zeitlich ausgedehnter Sitzungen bei der
Benutzung eines Dialogsystems begründet die Einführung einer
Protokollierdatei, auf der ein Sitzungsverlauf aufgezeichnet
wird und die, falls dies softwaremäßig so eingerichtet ist,
Überwachungsinformation (Messungen von Verweilzeit, CPU-Zeit,

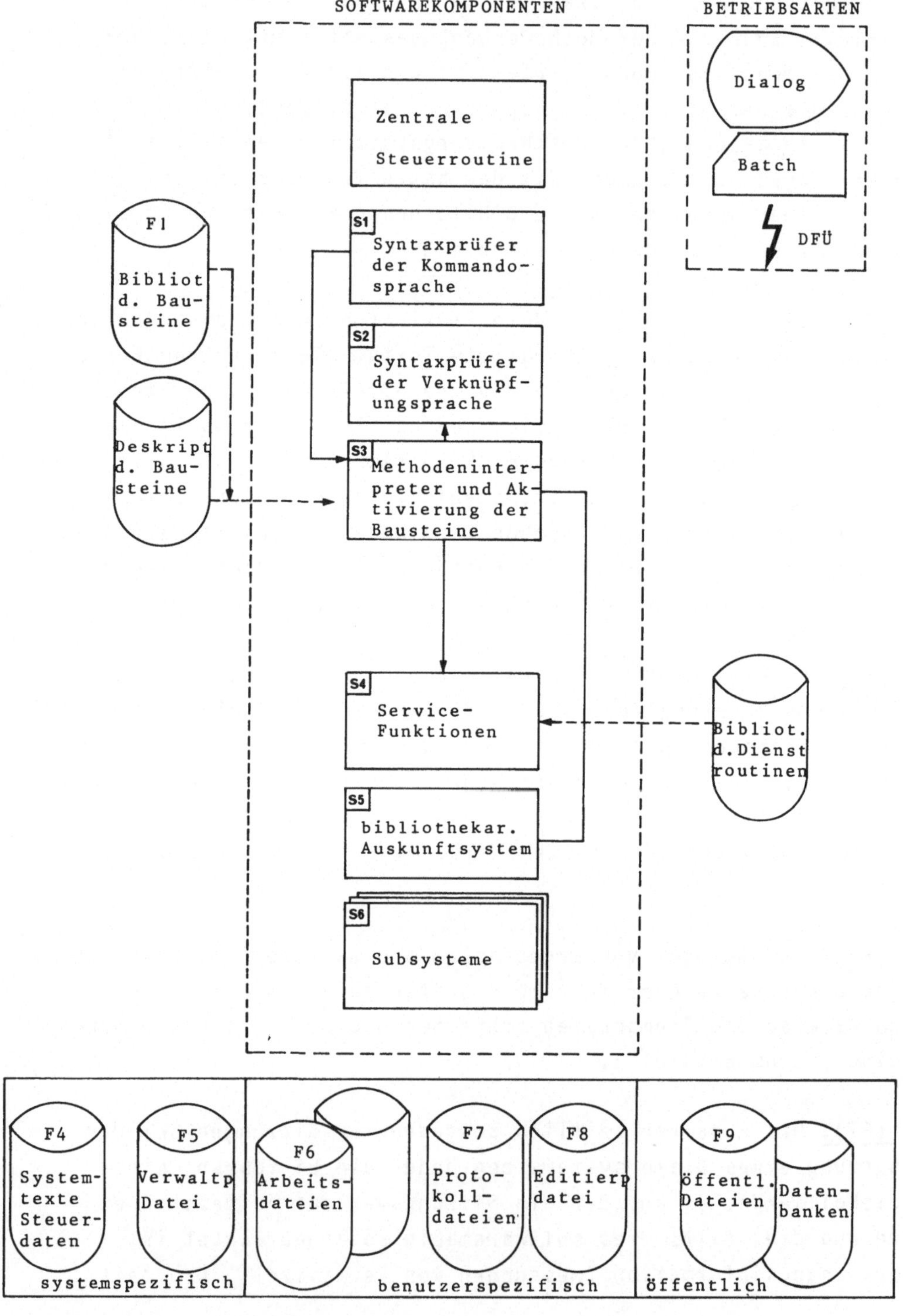

ABB. 2: AUFBAU EINER METHODENBANK

Ablauf-Rückverfolger von Unterprogrammen) aufnimmt. Das nachträgliche Auswerten der Protokolldatei liefert wertvolle Hinweise auf die Art der Benutzung der Methodenbank und auf das Laufzeitverhalten des Systems. Insbesondere kann beim Einsatz technisch geeigneter Monitorfunktionen das Laufzeitverhalten der Bausteine überwacht werden, was für deren Beurteilung ggf. von Interesse ist.

Zu (F8): Wie bei (I4) ausgeführt, ist eine Datei nützlich, die Texte enthält, welche sowohl vom Steuersystem der Methodenbank als auch von einem Text-Editor verarbeitet bzw. bearbeitet werden können.

Zu (F9): Die Problemdaten, auf denen die Bausteine in einer Methodenbank operieren, sind häufig auf Dateien (oder sogar in Datenbanken) vorhanden, die von mehreren Benutzern benötigt werden. Diese Dateien bestehen in der Regel unabhängig von der Methodenbank, ihre Verarbeitung muß jedoch von der Methodenbank aus möglich sein.

Der Aufbau einer Methodenbank in dem hier festgelegten Sinne ist anschaulich in Abb. 2 wiedergegeben. Dort ist auch vermerkt, in welche Gruppen sich das System der Dateien (F1) - (F9) aufteilt:

    (F1) - (F3): Bibliotheken und deren Beschreibungsdaten
    (F4) - (F5): systemspezifische Dateien, d.h. Dateien die zu
                 Steuerungszwecken von der Methodenbank-
                 Steuerungssoftware benutzt werden.
    (F6) - (F8): benutzerspezifische Dateien, d.h. Dateien, die
                 pro Benutzer individuell eingerichtet werden.
    (F9):   öffentliche Dateien und Datenbanken.

Die in 1a) und 1b) diskutierte Aufgabenteilung zwischen Bausteinprogrammierer, Methodenkompositeur und Endanwender führt zur Einrichtung unterschiedlicher Benutzerklassen einer Methodenbank:

(B1)   Benutzer (Fachbereich),
(B2)   Methodenkompositeur,
(B3)   Systemverwalter,
(B4)   Bausteinprogrammierer,
(B5)   Systempfleger (Wartung der Software).

<u>Zu (B1)</u>: Der Endbenutzer einer Methodenbank ist Spezialist in
dem Fachgebiet, wofür diese eingesetzt werden soll. Er setzt die
Dienstfunktionen, die Subsysteme der Methodenbank und die komponierten Methoden ein, um damit Unterstützung bei der Lösung
seiner fachspezifischen Probleme zu haben.

<u>Zu (B2)</u>: Der Methodenkompositeur ist der Anwender der Verknüp-
fungssprache. Er testet die zu komponierenden Methoden und stellt
das Ergebnis seiner Arbeit als komponierte Methode in Form eines
besonderen Steuerdatums (Steuerleiste) den Benutzern der Klasse
(B1) zur Verfügung.

<u>Zu (B3)</u>: Der Systemverwalter hat die Aufgabe, die zentralen Da-
teien (F1) - (F5) zu pflegen und die übrigen Benutzer über
wichtige Veränderungen, wie z.B. Aufnahme von neuen Bausteinen,
zu informieren. Ferner überwacht er die Benutzung der Methodenbank (z.B. durch geeignete Monitorfunktionen).

<u>Zu (B4) und (B5)</u>: Die Benutzer in (B4) und (B5) sind ähnlich wie
bei den Klassen (B2) und (B3) Zulieferer für die Benutzer der Klasse
(B1). (B4) hat die Aufgabe, den "materiellen Inhalt" einer Methodenbank zu erstellen. (B5) übernimmt die Wartungs- und Weiterent-
wicklungsaktivitäten einer bestehenden Methodenbank. Dies ist vor
allem dann sinnvoll, wenn (B5) gleichzeitig der Ersteller des Moni-
torsystems einer Methodenbank ist.

Die Benutzerklassen (B1) - (B5) entsprechen den Grundstufen der
Benutzung einer Methodenbank. Dies heißt nicht, daß auch fünf Be-
nutzergruppen organisatorisch getrennt einzurichten sind. Vielmehr
können - vor allem bei kleineren Systemen - die Aufgaben von (B2)
- (B5) gemeinsam an eine kleine Gruppe übertragen werden, deren
Mitglieder Aufgaben aus verschiedenen Klassen übernehmen. Bei

größeren Systemen dürfte jedoch eine organisatorische Differenzierung der einzelnen Benutzergruppen unumgänglich sein.

EINE SCHWIERIGE ABER GLEICHZEITIG ZENTRALE AUFGABE IST ES, DEN UNTERSCHIED ZWISCHEN GUTEN UND SCHLECHTEN, ZWISCHEN RASCH ZUSAMMENGESTELLTEN UND REIFLICH DURCHDACHTEN LÖSUNGEN AUFZUZEIGEN UND DEN PROGRAMMIERER ZU STRENGER SELBSTKRITIK ZU ERZIEHEN.

N. WIRTH, 3/(WIRT76), P.200

d) Beurteilungsschema von Bausteinen

Die Herstellung von Bausteinen und die Verwendung von Programmen aus existierenden Algorithmensammlungen, d.h. also das Einrichten und Aktualisieren der Bausteinbibliotheken einer Methodenbank, wirft die Frage nach <u>Qualitätskriterien</u> bei der Beurteilung von Bausteinen auf. Die Intention, systematisch Bausteinsammlungen - vornehmlich von mathematischen Algorithmen - anzulegen und konsequent aufzubauen, ist alt, mindestens bis zu den Anfängen der Entwicklung der Programmiersprachen ALGOL 60 und FORTRAN rückverfolgbar, und seit dem immer wieder neu versucht worden. Die Gründe hierzu liegen in

- neuen Erkenntnissen der Numerischen Mathematik,
- der Erschließung neuer und Intensivierung
  existierender Anwendungsgebiete,
- der Entwicklung neuerer Programmiertechniken,
- der Fortschreitung der automatischen Datenverarbeitung.

Dabei wird immer wieder die Frage nach der Beurteilung der einzelnen Bausteine, sowie gesamter Bausteinpakete gestellt (vgl. z.B. 2/(EVAN74), wo über die Entwicklungen NATS (EISPACK) und NAG berichtet wird.

Hieraus ist jedoch zu folgern, daß die Basis der Beurteilung von Bausteinen und Algorithmensammlungen laufenden Änderungen unterliegt. Man kann daher den Beurteilungsprozeß eines Bausteines

nicht vollständig automatisieren, z.B. über <u>Checklisten</u> und
<u>Prüfprogramme</u>. Jedoch bietet der Einsatz derartiger formali-
sierter Hilfsmittel eine wichtige Entscheidungsgrundlage.
Ferner ist zu bedenken, daß ein Ziel, eine Methodenbank einzusetzen, u.a. auch darin besteht, Alternativrechnungen durchzuführen, d.h. experimentell Bausteine anzuwenden. Es kann daher auch von Interesse sein, ein Modul als Baustein in eine
Methodenbank aufzunehmen, über dessen Qualitäten Zweifel bestehen.

Im vorliegenden Teilabschnitt werden die Grundlagen für ein Beurteilungsschema von Bausteinen erarbeitet. Es soll möglich sein
aufbauend hierauf konkrete Checklisten auszuarbeiten, anhand derer ein Baustein beurteilt werden kann. Die Checklisten können
in datentechnisch erfaßbarer Form gestaltet werden, so daß hier-
über ein Datenmaterial aufgebaut werden kann, welches z.B. gezielten Auswertungen unterworfen werden kann. Auf diese Weise
kann man sich globale bzw. teilgobale Information über alle
oder einen Teil der vorhandenen Bausteine ermitteln, welche

- zur Information der Benutzer,
- zu Zwecken der Wartung der Bausteine und
- als Leitfaden zu Weiterentwicklungen

herangezogen werden kann. Man kann sich auch auf den Standpunkt
stellen, daß eine ausgefüllte Checkliste für einen Baustein eine
Art "Materialschein" darstellt, der einen Baustein "Zeit seines
Lebens" begleitet und der, einmal datentechnisch erfaßt, mittels
eines geeigneten Text-Editors laufend aktualisiert wird. Durch
geeignete Auswertungs- und Transformationsprogramme können aus
diesem Urdatenbestand eine Reihe von neuen Daten erzeugt, ver-
dichtet und als Dokumente lesbar dargestellt werden, die im Rahmen eines Methodenbank-Systems verschiedenen Steuer- und Infor-
mationszwecken dienen:

1.) Die für die Bausteinverknüpfung notwendigen formalen
    Deskriptoren können hieraus abgeleitet werden (bei FORTRAN-
    Subroutinen z.B. formale Beschreibung der Parameter).

2.) Es können Übersichten gedruckt werden, auf Grund derer
    mögliche Vereinheitlichungen, wie z.B. einheitliche Namens-
    wahl für gleichbedeutende Parameter in den Parameterlisten
    mehrerer Unterprogramme, geprüft und festgestellt werden
    können (s. auch Fußnote 1). Die Durchführung derartiger bau-
    steinübergreifender Vereinheitlichungen erhöht die Benutzer-
    freundlichkeit und die Wartbarkeit eines Paketes von Bau-
    steinen.
3.) Es können Daten abgeleitet werden, die als Basis zur inter-
    aktiven Information (z.B. mittels eines INFORMIERE-Kommandos)
    über die vorhandenen Bausteine einer Methodenbank fungieren.

Auf diese Weise werden die Informationsverbraucher

- SYSTEM
- WARTUNG
- BENUTZUNG

aus einer einheitlichen Quelle bedient. Dies bedingt jedoch die
Notwendigkeit, diese Basis <u>kontinuierlich</u> zu pflegen. Durch vorgefertigte Weiterverarbeitungsprogramme kann aber ebenso konti-
nuierlich jeder Informationsverbraucher mit aktuellster Informationen versorgt werden. Ferner kann durch geeignete Prüfprogramme
die Vollständigkeit und Richtigkeit der gemäß Checkliste zu er-
fassenden Daten geprüft werden. Dieser Weg wurde im MEBA-System
eingeschlagen (vgl. 1/(HAUE76)), wo geeignete Ablochbelege zusammen mit PL/I-Programmen und einem Berichtsgenerator eingesetzt werden.

Ein weiteres Hilfsmittel, die Beurteilung eines Bausteins automatisch zu unterstützen, sind Compiler und Syntax-Prüfer. Hiermit kann festgestellt werden - besonders beim Einsatz spezieller
Syntax-Prüfer -, ob notwendige Restriktionen bei der Verwendung
eines Sprachvorrates einer Programmiersprache eingehalten worden

---

1)
In 5/(SMIT74) wird hierfür von SMITH et al. der interessante
Ausdruck "to massage a package" gebraucht.

C 1	Daten zur Programmadministration
C 1.1	Kurztitel des Bausteins
C 1.2	Name, Erstellungsdatum und letztes Änderungsdatum des Bausteins
C 1.3	Programmiersprache
C 1.4	Hinweis auf verantwortl. Personal bzw. Organisation (Quellennachweis)
C 1.5	Zweck des Bausteins
C 1.6	Kurzer Hinweis auf Fachgebiet
C 2	**Verknüpfungstechnik**
C 2.1	Beschreibung der Paramter
C 2.2	Aufgerufene Unterprogramme
C 2.3	E/A-Operationen
C 2.4	Sonstige Externals (z.B COMMON)
C 2.5	Betriebsart
C 3	**Programmiertechnik**
C 3.1	Einhaltung von Standards
C 3.2	Fehlerbehandlung, Selbstüberwachung
C 3.3	Rechengenauigkeit
C 3.4	Portabilität
C 3.5	Beurteilung des Codes
C 4	**Dokumentation**
C 4.1	Schlüsselworte
C 4.2	Anwendungsgebiete (Klassifikation)
C 4.3	Theoretische Grundlagen
C 4.4	Bedienungsanleitung
C 4.5	Benutzungsbeispiel
C 5	**Qualitäsnachweise**
C 5.1	Testdaten
C 5.2	Testbeispiele
C 5.3	Wartungsinformation

Abb.3: Leitfaden zur Gliederung einer Checkliste zur Beurteilung von Bausteinen

sind. Ein bekanntes Beispiel hierzu ist der "PFORT Verifier" von
B.G. RYDER 5/(RYDE74), der auch als Portabilitätsinstrument von
Bedeutung ist. Er enthält eine portable Teilmenge von ANS FOR-
TRAN, wobei nicht nur ein einzelnes Programm auf syntaktische
Richtigkeit geprüft wird, sondern auch die Zwischenprogrammver-
bindungen überwacht werden, die bei z.B. der Benutzung von
COMMON und in Parameterlisten auftreten. PFORT ist jedoch kein
Compiler, da er keinen Code-Generator enthält.

In Abb. 3 ist ein Leitfaden enthalten, der als Ausgangsbasis für
die Aufstellung von Checklisten zur Beurteilung von Bausteinen
dienen kann. Demgemäß sollte eine derartige Checkliste aus folgenden fünf Gliederungspunkten (Satzarten) bestehen:

(C1)   Daten zur Programmadministration

(C2)   Verknüpfungstechnik

(C3)   Programmiertechnik

(C4)   Dokumentation

(C5)   Qualitätsnachweise

<u>Zu (C1)</u>: Die Daten zur Programmadministration dienen zur Schnell-
information über einen Baustein. Sie sind (neben ihrer Speicherung auf automatisch verarbeitbaren Datenträgern) im Deckblatt
der Dokumentation oder als Kommentar im Quelltext des jeweiligen
Bausteins enthalten. Sie sind, wie folgt, gegliedert:

(C1.1)   Kurztitel des Bausteins

(C1.2)   Name, Erstelldatum und letztes Änderungsdatum des
*   Bausteins*

(C1.3)   Programmiersprache

(C1.4)   Hinweis auf verantwortliches Personal, bzw.
*   verantwortliche Organisationen (Quellnachweis)*

(C1.5)   Zweck des Bausteins

(C1.6)   Kurzer Hinweis auf das Fachgebiet

Der <u>Kurztitel</u> soll in einem kurzen Satz oder mit wenigen Schlag-
worten den Zweck des Bausteins beschreiben. Er sollte in allen
Dokumenten, die sich auf einen Baustein beziehen, im Wortlaut
identisch enthalten sein, vor allem auf Dokumenten, die sich
physikalisch an getrennten Orten und auch auf unterschiedlichen
Datenträgern (Lochkarten, Kassetten für Schreibautomaten, Mikrofilm, ggf. Plots, Dateien auf Magnetbändern, Platten, etc.) be-
finden. Vor allem ist der Kurztitel auch im Quelltext des Bausteins enthalten. Da er in vielen, technisch unterschiedlich zu
erstellenden Dokumenten auftritt, ist es zweckmäßig, ihn auf
eine feste Anzahl von Zeichen zu beschränken. Da die Namen der
Bausteine (z.B. Namen von FORTRAN-Subroutinen) auf Grund syntak-
tischer Gegebenheiten der Programmiersprachen sehr begrenzt sind
und daher nicht beliebig aussagefähig gestaltet werden können,
ist die Einführung eines Kurztitels maximaler Zeichenlänge notwendig. Man kann also sagen, daß das Auftreten des Kurztitels
eines Bausteins in allen ihn betreffenden Dokumenten an das Auftreten seines Namens eineindeutig gekoppelt ist. Die organisatorische Aufgabe, einen einmal verfaßten Kurztitel in allen Dokumenten im Wortlaut zu verankern, ist nicht trivial. Ihre Lösung
ist durch folgende Voraussetzungen bestimmt:

- Disziplin der Bausteinprogrammierer,
- automatisch reproduzierbare und aktualisierbare Dokumentation,
- Dokumentationsrichtlinien.

<u>Name</u>, <u>Erstelldatum</u> und <u>letztes Änderungsdatum</u> eines Bausteins
sind absolut notwendige Daten, um einen Baustein als Objekt verwalten zu können. Wenigstens der Name und das letzte Änderungsdatum sollten als Konstante im Sinne der verwendeten Programmiersprache im Quellcode des Bausteins fest verankert sein. Hierauf
läßt sich dann leicht ein einfacher Mechanismus zur Selbstüberwachung von Software aufbauen, worauf in (C3) näher eingegangen
wird.

Angabe über die <u>Programmiersprache und ein kurzer Hinweis auf das
Fachgebiet</u>, zu dem der Baustein gehört, dienen als Sortiermerk-
male zur Grobverteilung der über Bausteine erfaßten Daten an die

o.g. Gruppen der Informationsverwendung. Der <u>Zweck des Bausteins</u>
enthält in wenigen Sätzen etwas weitergehendere Information als
der Kurztitel. Er tritt jedoch in den Dokumenten eines Bausteins
an keiner anderen Stelle mehr auf.

Stammt eine Bausteinbibliothek aus sehr heterogenen Quellen,
sind <u>Quellnachweise</u> für die einzelnen Bausteine wichtig. Hinweise auf verantwortliches Personal werden in der Regel durch
Angaben über Kostenstellen, ggf. Personalnummern geführt.

<u>Zu (C2)</u>: Angaben zur Verknüpfungstechnik sind notwendig, um be-
urteilen zu können, ob und wie ein Baustein in eine Software-
Umgebung integriert werden kann. Diese sind folgendermaßen eingeteilt:

(C2.1)   Beschreibung der Parameter
(C2.2)   aufgerufene Unterprogramme
(C2.3)   E/A-Operationen
(C2.4)   sonstige Externbezüge (z.B. COMMON)
(C2.5)   Betriebsart.

In der Regel werden die Bausteine als Unterprogramme erstellt.
Dabei kann prinzipiell jede Programmiersprache verwendet werden.
Technisch verursacht eine <u>"gemischte Methodenbank"</u>, d.h. eine
Methodenbank in der die Bausteine in unterschiedlichen Programmiersprachen geschrieben sind, keine unüberwindlichen Schwierigkeiten. Es ist dabei die im vorhergehenden Teilabschnitt beschriebene Software-Komponente (S3) (vgl. Abb. 2) so einzurichten, daß damit Unterprogramme in unterschiedlichen Programmiersprachen versorgt werden können. Es ist jedoch zweckmäßig, die
Datentypen der Parameter, die gemäß der Syntax der verwendeten
Programmiersprache in der Parameterliste eines Unterprogramms
auftreten können, zu beschränken. Hierdurch wird einerseits die
Versorgung der Bausteine, d.h. also die Komponente (S3), einfacher. Andererseits wird auf diese Weise auch die Benutzerfreundlichkeit eines Bausteins erhöht. Ferner wird hiermit die
Portabilität eines Bausteins oft erst ermöglicht, da gerade
die syntaktische Form der Parameterlisten von Unterprogrammen

bei vielen Compilern sehr unterschiedlich erweitert worden ist
(gegenüber dem oder anerkannten Standards der einzelnen Programmiersprachen). In der Praxis wurden bei Methodenbankent-
wicklungen die Programmiersprachen ALGOL 60, ALGOL 68, FORTRAN
und PL/I eingesetzt. Die Verwendung anderer Programmiersprachen
wie COBOL, PASCAL oder Assembler ist jedoch nicht auszuschließen.

Die zur dynamischen Bausteinversorgung notwendige formale Beschreibung der Parameter umfaßt pro Parameter folgende Angaben:

- Name des Parameters,
- Datentyp des Parameters,
- Länge des Parameters,
- Verwendungsart des Parameters.

Die Datentypen der Parameter sollten möglichst einfach sein, um
die Komplexität von Bausteinen gering zu halten. Bei vorwiegend
auf numerische Anwendungen ausgerichteten Bausteinen kann man
sich z.B. auf Attribute wie Gleitkomma, Festkomma, höhere Genauigkeit und auf Zeichenketten beschränken. Bei den zusammengesetzten Datentypen sind Vektoren und Matrizen von Bedeutung. Die
Länge der Parameter ist, wenn es sich um portable Software handelt, in einem "portablen Maß" zu wählen. Für numerische elementare Datentypen bietet sich als Maßeinheit das Wort an. Bei Zeichenketten ist dies die Anzahl der Zeichen. Sollten weitere elementare Datentypen zugelassen werden, ist jedoch die Art der
Längenangabe gesondert zu regeln. Das gilt auch für zusammengesetzte Datentypen. Die Verwendungsart eines Parameters gibt an,
ob dieser zur Eingabe, zur Ausgabe oder für beides dient, oder
ob er optional (s. Fußnote 1) ist.

Eine Liste der von einem Baustein aufgerufenen Unterprogramme
gehört neben der formalen Parameterbeschreibung zu dem Deskrip-
tor, der in der Datei (F3) geführt wird, um die dynamische Ver-

---

1) Manche Compiler bzw. Programmiersprachen lassen das Auftreten
   von Optionalparametern am Ende der Parameterliste zu.

sorgung von Bausteinen zu ermöglichen. Die Information in
dieser Liste kann zu Optimierungszwecken beim dynamischen
Binden bzw. beim Ausarbeiten von Überlagerungsstrukturen herangezogen werden.

Um die Integrierbarkeit eines Bausteins mit einer Software-Umgebung beurteilen zu können, ist es wichtig, von welcher Art
die Datenzugriffe sind, und auf welche Dateien von einem Baustein direkt oder indirekt zugegriffen wird. Bei der Ausarbei-
tung einer Checkliste zur Bausteinbeurteilung sind auf jeden
Fall Felder für eine Charakterisierung der E/A-Operationen vor-
zusehen. Bei der Erstellung von mathematischer Software ist es
äußerst zweckmäßig, und es wird auch häufig so verfahren, daß
die von einem Baustein vorzunehmenden E/A-Operationen in geeignete Unterprogramme verpackt werden und nicht direkt in syntak-
tischen Elementen der verwendeten Programmiersprache ausgedrückt
werden. Aus Portabilitätsgründen ist oft kein anderer Weg denkbar, da die entsprechende Syntax bei den Compilern unterschiedlicher Hersteller sehr große Unterschiede aufweisen. Vielfach
sind auch Effizienzüberlegungen ein Hindernisgrund, die von
einem Compiler zur Verfügung gestellte E/A zu verwenden. Die
übrigen Externbezüge, die neben seiner Parameterliste, den aufgerufenen Unterprogrammen und den E/A-Operationen ein Baustein
zu einer Software-Umgebung haben kann, sind in eine zu entwickelnde Checkliste aufzunehmen. Die hierbei möglichen Fälle
sind von der verwendeten Programmiersprache bzw. von den bei
ihrer Verwendung festgesetzten Einschränkungen abhängig. Hierbei ist auf Ansätze zu verweisen, wo Techniken entwickelt werden, alle die Modularität eines Bausteins betreffenden Elemente
formal zu beschreiben. (Vgl. 3/(BAUE75), Entwicklungen beim IBM
Vienna Laboratory).

Bei der Verwendung von PL/I sind dies etwa Attribute wie STATIC
EXTERNAL, bei der Verwendung von FORTRAN Anweisungen wie COMMON,
EXTERNAL und ENTRY. Ferner sollte den Anweisungen zur Programm-
unterbrechung wie in FORTRAN etwa STOP oder PAUSE, besonderen
Kontrollanweisungen wie in PL/I etwa WAIT oder DELAY (Multitas-
king) beim Entwickeln einer Checkliste ein besonderer Platz ein-

geräumt werden. Im Allgemeinen sollte jedoch der Standpukt ein-
nommen werden, daß derarige Anweisungen bei der Bausteinprogrammierung nicht verwendet werden dürfen, bzw. nur in besonders zu
begründenden Ausnahmefällen benutzt werden. Die Begründung ist
dann gemäß Checkliste gesondert in der Dokumentation zu fordern.

Bei der Angabe zur <u>Betriebsart</u> ist festzuhalten, ob ein Baustein
im Dialog, Batch oder bei Datenfernübertragung benutzt werden
kann. Es kann z.B. durchaus der Fall eintreten, daß ein Baustein
Dialogeingaben vom Bildschirm anfordert (dialogfähig ist), aber
im Batch nicht aufgerufen werden darf.

<u>Zu (C3)</u>: Bei den Angaben zur <u>Programmiertechnik</u> ist neben formal
zu ermittelnden Daten auch Raum zur (mehr oder weniger) subjek-
tiven Beurteilung des Bausteins gegeben. Folgende Gliederungspunkte der Checkliste sind an dieser Stelle zu nennen:

(C3.1)   *Einhaltung von Standards*
(C3.2)   *Fehlerbehandlung, Selbstüberwachung*
(C3.3)   *Rechengenauigkeit*
(C3.4)   *Portabilität*
(C4.5)   *Beurteilung des Codes*

Zur Überprüfung der Befolgung von <u>Standards</u> bei der Bausteinprogrammierung dienen spezielle Compiler oder Syntaxprüfer, wie
z.B. ASA-FORTRAN-Compiler, WATFIV oder RATFOR. In einer Checkliste ist auf jeden Fall zu vermerken, welche Standards der
Quelltext eines Bausteins genügt. Eine andere Möglichkeit,
Standards in die Programmierung einzuführen, ist der Weg über
Programmierrichtlinien. Die Programmierrichtlinien selbst sind
dann als Elemente in der zu entwickelnden Checkliste zu verankern.

Ein häufig gefordertes Qualitätsmerkmal ist die <u>Robustheit</u> eines
Bausteins (vgl. z.B. FORD/HAGUE 5/(HAGU76) und SMITH/BOYLE/CODY
5/(SMIT74)). Hierzu gehört in erster Linie die Art der <u>Fehler-
behandlung</u>. Es muß von einem Baustein bekannt sein, welche Fehler er diagnostizieren kann. Um derartige Information über eine

Checkliste erfassen zu können, ist eine Normung der Fehlerbehand-
lungstechnik erforderlich, die bei der Bausteinprogrammierung
eingehalten werden muß. Dabei kann man zweckmäßigerweise nach
folgenden Grundsätzen verfahren:

- Unterschiedliche Fehlersituationen werden mittels unterschiedlicher Fehlercodes identifiziert.
- Es wird zwischen lokalen, d.h. nur von einem Baustein zu verwendenden, Fehlercodes und globalen, d.h. von mehreren Bausteinen zu verwendenden, Fehlercodes unterschieden.
- Lokale Fehlercodes setzen sich aus dem Namen des Bausteins
  und einer laufenden Nummer (alphanumerische Zeichenfolge)
  zusammen.
- Globale Fehlercodes werden nur durch eine Nummer (alphanumerische Zeichenfolge) identifiziert.
- Jedem Fehlercodes ist genau ein Fehlertext zugeordnet.
- Die Fehlertexte sind nicht im Baustein verankert, sondern
  auf einer Datei gespeichert.

Welche Fehler ein Baustein diagnostiziert, hängt von der Problem-
stellung, aber auch in sehr hohem Maße von der Sorgfalt des Bausteinprogrammierers ab. Auf jedem Fall sollte zu Beginn eines
Bausteins der Inhalt der Eingabeparameter geprüft werden.

Neben der Fehlerbehandlung gibt es eine Reihe weiterer Methoden,
einen Baustein <u>selbstüberwachend</u> zu gestalten. Man kann in den
Quelltext eines Programms an geeigneten Stellen Anweisungsfolgen
(in der Regel Unterprogrammaufrufe) einpflanzen, die - gesteuert
durch einen globalen Schalter - Überwacherinformation ermitteln
und ausgeben. Man kann die Kontrollstruktur eines Bausteins als
Strukturbaum darstellen, der aus Knoten und Kanten besteht. Die
Aufgabe, einen Baustein selbstüberwachend zu gestalten, besteht
dann darin, spezielle Knoten in den Strukturbaum einzupflanzen,
z.B.:

- Testknoten,
- Meßknoten,
- Rückverfolgerknoten,

der Testinformation auf den Bildschirm bzw. Drucker ausgibt.
Beim Meßknoten wird Information über verbrauchte Verweil- und
CPU-Zeit erfaßt und diese auf eine Protokolldatei ausgegeben.
Ebenso kann jedesmal beim Aufruf und bei Beendigung eines Bausteins ein Kennzeichen zur Rückverfolgung der Aufrufkette auf
eine Protokolldatei geschrieben werden. Durch nachträgliche
Auswertungen der Protokolldatei läßt sich einiges statistisches
Material über die Benutzung und Zusammensetzung eines Methodenbanksystems und dessen Bausteine ermitteln. Um die Formulierung
der Quellcodes für Test-, Meß- und Rückverfolgerknoten möglichst
disjunkt vom Rest des Quellcodes eines Bausteins zu halten und
um die notwendigen Schnittstellen hierzu präzise festzulegen,
ist es zweckmäßig, eine feste Anzahl von Variablen einzuführen,
die innerhalb des Blocks "Baustein" globalen Charakter haben.
Hierzu gehören die oben erwähnten Datenbereiche, die den Namen
und das letzte Änderungsdatum des Bausteins enthalten.

Zur Qualität eines Bausteins, dessen Inhalt ein mathematisch-
numerischer Algorithmus ist, gehört die Angabe der <u>Rechengenau-
igkeit</u>. Da eine reelle Zahl in einer Rechenanlage nur durch eine
rationale Zahl approximiert werden kann, und dies bei den einzelnen Rechenanlagen mit unterschiedlicher Genauigkeit, ist die
Beurteilung der numerischen Resultate, die ein Baustein erzeugt,
eine über Fragen des Programmierstils und der Strukturierung von
Quellcodes weit hinausgehende Frage. Die Steuerung von derartiger
Software muß daher über Maschinenkonstante erfolgen, wie z.B. die
Maschinentoleranz, Genauigkeit der Zahldarstellung etc. In 5/
(FORS70) hat FORSYTHE eine Reihe von bekannten Algorithmen angegeben, wie z.B. die Formel zur Ermittlung der Wurzeln einer qua-
dratischen Gleichung mit einer Unbekannten, die aufgrund der Rundungsfehler bei den arithmetischen Operationen einer Rechenanlage
überraschenderweise zu falschen Ergebnissen führt. Erst eine ge-
nauere Analyse der Rundungsfehler deckt die diesbezüglichen Qualitätsmerkmale eines Bausteins auf.

Die <u>Portabilität</u> eines Bausteins im Sinne einer Angabe über die
Betriebssysteme und Compiler, in deren Umgebung ein Baustein
lauffähig ist, läßt sich exakt angeben, indem angekreuzt wird,

unter welchen

- Betriebssystemen
- Versionen eines Betriebssystems
- Compilern
- Versionen eines Compilers

der Baustein bereits getestet worden ist.

Die Beurteilung des Quellcodes eines Bausteins kann über eine
Reihe von Gliederungspunkten einer Checkliste geprüft werden.
Diese Gliederungspunkte beinhalten die Maximen und Praktiken,
deren Anwendung erfahrungsgemäß zu einer Qualitätserhöhung von
Quellcodes führt. Man kann z.B. abprüfen, ob ein Quellcode global
übersichtlich, mit Kommentarkarten hinreichend gut ausgestattet,
der Inhalt der Kommentare aussagefähig etc. ist. Ein Leitfaden,
derartige Beurteilungsschemata aufzustellen, findet sich bei
KERNIGHAN/PLAUGER 4/(KERN74) und SIEBERT 4/(SIEB74), wie weiter
oben bereits erwähnt.

Zu (C4): Die Vollständigkeit der Dokumentation eines Bausteins
kann auch über eine Checkliste geprüft werden. Als Gliederungspunkte hierzu sind zu nennen:

(C4.1)   Schlüsselworte
(C4.2)   Anwendungsgebiete (Klassifikation)
(C5.3)   Theoretische Grundlagen
(C4.4)   Bedienungsanleitung
(C4.5)   Benutzungsbeispiel

Der Charakter eines Werkzeuges wird dann beträchtlich beein-
trächtigt, wenn für einen Baustein eine der genannten Dokumen-
tationseinheiten fehlt.

Zu (C5): Der Qualitätsnachweis eines Bausteins besteht in der
Dokumentation von Testbeispielen, aus denen die Vermutung abgeleitet werden kann, daß ein Baustein weitgehend fehlerfrei ar-
beitet. Im Idealfall wäre hier der Beweis anzutreten, daß ein

Baustein korrekt ist. Folgende Gliederungspunkte der Checkliste
sind hier zu erwähnen:

(C5.1)   Testdaten
(C5.2)   Testbeispiele
(C5.3)   Wartungsinformation

In dem Stichwort <u>Wartungsinformation</u> kommt zum Ausdruck, daß ein
Baustein einer zeitlichen Veränderung unterliegen kann, und daß
damit seine Beurteilung einer zeitlichen Änderung unterworfen
ist. Sollten sich jedoch im Laufe der Zeit die mittels einer
Checkliste über einen Baustein erfaßten Daten sehr stark ändern,
so kann es ratsam sein, einen neuen Baustein zu definieren und
einen alten (alte Version) als "nicht mehr dem Wartungsprozeß"
unterworfen zu "archivieren". Unter Wartungsinformation wird ein
pro Baustein anzulegender Datenbestand verstanden, der in jedem
<u>Wartungsfalle</u> laufend zu erweitern ist. Es handelt sich hierbei
um eine Einrichtung, die für jede Art von Software anzulegen ist
und zu den Grundinstrumentarien des Software Engineering zählt.

e) Organisation einer Methodenbank

Es sind zwei Fragen von eminenter Wichtigkeit:

  - Normierungen von Bausteinen,
  - Fragen des Programmierverbundes.

Das Problem der Namenskollision von Unterprogrammnamen, die in
Bausteinen auftreten, kann vom Systemverwalter einer Methodenbank
durch ad-hoc-Maßnahmen (z.B. manuelles oder automatisches Durch-
suchen von Listen, Ändern der Namen mittels eines Texteditors)
gerade noch im Griff gehalten werden. Bei einem Programmierver-
bund stellt dies jedoch ein sehr ernst zu nehmendes Problem dar,
welches obendrein noch - beabsichtigt man den Austausch portabler
Bausteine - <u>in portabler Weise</u> gelöst werden muß. Auf der Basis
der grundsätzlichen begrifflichen Überlegungen von J.H. SALTZER
(vgl. 3/(SALT77)) wird hier ein Lösungsansatz vorgeschlagen.

<u>Das Problem der Bausteinnormierungen:</u> Die Normierungsrichtlinien an die Bausteinprogrammierung verfolgen folgende Ziele:

- Einengung und Sichtbarmachung der möglichen Schnittstellen eines Bausteins (in FORTRAN z.B. ENTRY, COMMON, STOP, EXTERNAL, E/A-Operationen, Parameter etc.),
- Erreichung von Portabilität eines Bausteins,
- Vermeidung unnötiger technischer Komplikationen beim dynamischen Zugriff auf Bausteine.

Normierungsrichtlinien für Bausteine sind <u>ein Teil der technischen Voraussetzungen für die Fragen des Programmaustausches und des Programmierverbundes</u>. Daß dies ein Gebiet hoher praktischer Relevanz ist, beweist z.B. die zunehmend komplexer werdende Aufgabenstellung der amtlichen Statistik, die auf Länderebenen, nationaler Ebene und EG-Ebene in wachsendem Umfang auf vorgefertigte Softwaretools zurückgreifen muß. Es kann nicht Aufgabe der vorliegenden Arbeit sein, im Vorgriff auf sich formierende Anstrengungen in dieser Richtung (z.B. EASIT, vgl. 5/ (BONG78)) Normierungsrichtlinien im Detail auszuarbeiten. Vielmehr sollen im folgenden einige Fragenkreise aufgezeichnet werden, die in diesem Zusammenhang bearbeitet werden müssen. Ausgangspunkt einer Bausteinnormierung sind die genannten Grundeigenschaften (G1) - (G3), die sich daher in drei Teilgebiete aufspalten sollten:

(G1') Normierung des softwaremäßigen Aufbaus,
(G2') Einfügung eines bibliothekarischen Index,
(G3') anwendungs- und sachgebietsbezogene Normierungen.

Da sich die vorliegende Schrift mit Fragen der Konstruktion von Methodenbanksystem befaßt, stehen hier die in (G1'1) angeschnittenen Themen im Vordergrund. Diese werden daher im folgenden etwas weiter untergliedert:

(N1) gültige Standards höherer Programmiersprachen und
*   Assembler zur Erreichung von Portabilität,*

(N2) *Richtlinien zur Verwendung von Schnittstellen eines*
      Bausteins zur Programmumgebung auf <u>syntaktischer</u>
      <u>*Ebene*</u> *(z.B. Parameter, COMMON, ENTRY, EXTERNAL, STOP),*

(N3) *Richtlinien zur Verwendung von Schnittstellen eines*
      Bausteins zur Programmumgebung auf <u>prozeduraler Ebene</u>
      (E/A-Operationen, Standardprozeduren, Enquiry-Funktionen),

(N4) *Richtlinien zur Verwendung von Schnittstellen zur*
      <u>*Interrupt-Behandlung*</u> *(Overflow, PL/1: ON-Bedingungen),*

(N5) *statische Programmiervorschriften (Aufnahme fest vor-*
      gegebener Texte, Kommentare und Variablen in den Quell-
      code),

(N6) *dynamische Programmiervorschriften (Behandlung von*
      Fehlern, Messages, Test- und Meßausgaben),

(N7) *Vorschriften zur Strukturierung von Programmen,*

(N8) *Normierung der Dokumentation,*

(N9) *Normierung der Validation.*

<u>Das Problem der Namenskollisionen und des Bausteinaustausches:</u> In
einfachen Situationen kann man das Problem der Namenskollisionen
durch schlichte organisatorische Maßnahmen in den Griff bekommen.
Von jedem neu hinzukommenden Baustein einer Methodenbank kann man
eine Liste der Externbezüge erfassen (Kontext eines Bausteines).
Man kann dann durch Inspektion einer Liste aller Elemente einer
Modulbilbliothek (Kontext der Modulbibliothek) feststellen, ob
Namenskollisionen vorliegen. Ist dies der Fall, so kann man entsprechende Namensänderungen an den Quelltext der neu aufzunehmen-
den Programme vornehmen. Durch Herausgabe von Richtlinien über
die Namenswahl von Externbezügen kann man Namenskollisionen innerhalb einer Methodenbank weitgehend umgehen.

In der allgemeinen Situation jedoch, bei der ein Baustein und
seine von ihm aufgerufenen Unterroutinen von einer Entwicklungs-
stelle an mehrere Abnehmerstellen, wo eine Methodenbank betrieben
wird, versandt wird, um dort in das jeweilige Methodenbanksystem
aufgenommen zu werden, würde diese Vorgehensweise zur Beseitigung
von Namenskollisionen dazu führen, daß schon bei der Aufnahme
eines Bausteins in eine Methodenbank die Quellen dieses Bausteins

von den Quellen anderer Implementierungen zu divergieren beginnen - eine Entwicklungstendenz, die in jedem Falle zu vermeiden ist.

<u>Methodenorientiertes Programmieren:</u> Die Idee des Bausteins als vorgefertigtes und wiederverwendbares Werkzeug liefert den Anlaß, Methodenbanken einzurichten. Das Wiederverwenden der Bausteine stellt man sich als besondere Art einer interaktiven Programmiertätigkeit vor, für die es in der Literatur bereits den Ausdruck "methodenorientiertes Programmieren" gibt (vgl. z.B. 2/(ESPR76) und 2/(RIEK76)). Die wichtigste Operation des methodenorientierten Programmierens ist somit der Aufruf eines Bausteins. Eine Implementierung einer solchen Operation kann z.B. durch eine dynamische Binde-Prozedur erfolgen. Die Syntax dieser Operation kann man so einrichten, daß sie z.B. der CALL-Anweisung in FORTRAN entspricht (mit ggf. einigen Einschränkungen hinsichtlich der Attribute der Parameter). Darüberhinaus bedeutet aber diese Operation den Aufruf von Bausteinen, d.h. von Objekten größerer Komplexität, denen in einer Datei ein Deskriptorsatz zugeordnet ist, der eine Liste aller Externbezüge eines Bau steins enthält. Ferner soll mit einer solchen Operation einem Benutzer ein Instrument zum Experimentieren gegeben sein. Dies soll an folgendem Beispiel erläutert werden:

> Es kann der Fall eintreten, daß in einer aktuellen Umgebung eines Bausteins eine von ihm aufgerufene Routine ihren Dienst versagt (z.B. besondere Konditionierung einer Matrix). Um diesen Mangel zu beseitigen, müßte es möglich sein, diese Routine durch eine andere auszutauschen. Dies soll vor allem ohne Änderung des Bausteins erfolgen können.

Um dieses Ziel zu erreichen, sind folgende zwei weitere Operationen für einen Benutzer notwendig:

> - Display der von einem Baustein aufgerufenen Routinen,
> - Ändern des Deskriptorsatzes eines Bausteins.

Über den geänderten Deskriptorsatz kann dann ein Baustein mit
neuen "Außenobjekten" versorgt werden.

Neben arithmetischen Operationen, Zuweisungen und Kontrollanweisungen gehören somit folgende Anweisungen zu einer das methoden-
orientierte Programmieren unterstützenden Verknüpfungssprache:

- Aufruf von Bausteinen,
- Display des Deskriptors eines Bausteins,
- Ändern des Deskriptors eines Bausteins,
- Unterbrechung und Wiederaufnahme der Aktivität
  des methodenorientierten Programmierens.

Die letztgenannten Anweisungsarten dienen vor allem dazu, notwendige Zwischenaktivitäten ggf. auch außerhalb eines Methodenbank-Steuersystems durchzuführen (wie z.B. Beschaffung von
Varianten einer benötigten Routine).

Ferner besteht zwischen der methodenorientierten Programmierung
und der Erstellung eines Programmsystems in einer herkömmlichen
Programmiersprache (wie z.B. FORTRAN) ein ganz fundamentaler
Unterschied:

Bei einer Programmierung in FORTRAN ist z.B. auf die Ein-
deutigkeit der Namenswahl aller in dem zu erstellenden
Gesamtsystem verwendeten Unterprogrammnamen zu achten.
Diese Erscheinung ist dadurch begründet, daß FORTRAN einen
universellen Kontext für alle Externbezüge voraussetzt.

Bei blockorientierten Programmiersprachen ergeben sich ähnliche Schwierigkeiten. Einen Überblick über die Schwierigkeiten bei der Namenswahl bei einigen wichtigen Programmiersprachen hat J.H. SALTZER in 3/(SALT77) gegeben.

<u>Theoretische Grundlagen:</u> Die folgenden Ausführungen gehen auf
eine Zusammenstellung von J.H. SALTZER in 3/(SALT77) zurück.
Dabei steht im Vordergrund der Begriff "Objekt" (vgl. 3/(JONE77)):

*Ein Objekt ist eine Software- (oder Hardware-) Struktur,
die es Wert ist, sie durch einen gesonderten Namen auszuzeichnen.*

Gemäß des modularen Konstruktionsprinzips werden neue Objekte
aus vorhandenen Objekten aufgebaut, so daß man von einschließen-
den Objekten (Über-Objekten) und ein eingeschlossenen Objekten
(Unter-Objekten) sprechen kann. Es gibt nun zwei Weisen, wie
ein Über-Objekt ein Unter-Objekt enthalten kann. Einmal kann
eine Kopie des Unter-Objektes im übergeordneten Objekt enthalten
sein, zum anderen kann das Über-Objekt einen Namen enthalten,
der auf das Unter-Objekt zeigt.

Man kann sich z.B. als ein Objekt einen Baustein vorstellen und
als dessen Unterobjekte die Menge derjenigen Objekte, auf die
die Externbezüge dieses Bausteins verweisen. W.u. wird gezeigt,
daß beide Methoden der Einschließung angewandt werden mußten,
um bei den unterschiedlichen Betriebssystemversionen des Steuersystems MEBA die Operation der dynamischen Verknüpfung implementieren zu können.

Durch die Verwendung von Namen kann die Mehrfachverwendung
(sharing) eines Objektes ermöglicht werden. Durch Einkopieren
eines Unter-Objektes wird die Flexibilität eines Systems er-
heblich reduziert, denn es müssen bei Änderungen des Unter-Objektes sämtliche Kopiervorgänge wiederholt werden.

Bei der Verwendung von Namen bietet es sich an, folgenden Begriff zu bilden:

*Ein Kontext ist eine Abbildung von Namen auf Objekte
eines Systems.*

Beispiel: Betrachtet man einen Baustein als Objekt, so versteht
man unter dem Kontext eines Bausteins die Liste der Namen seiner
Externbezüge.

Sei also <u>name</u> eine Menge von Namen und <u>obj</u> eine Menge von Objekten eines Systems. Dann ist eine Abbildung

$$c \; : \quad \underline{name} \quad \longrightarrow \quad \underline{obj}$$

definitionsgemäß ein Kontext. Die Operation c nennt man "<u>Binden eines Namens an ein Objekt gemäß eines gegebenen Kontext</u>". Die inverse Operation c^{-1} nennt man "<u>Auflösung eines Namens gemäß eines gegebenen Kontext</u>".

Man kann nun einen Kontext selbst als ein Objekt betrachten. Sei also c ein Kontext und n ein Name, auf den die Abbildung c anwendbar ist. Sei ferner c(n) ein Kontext. Dann wird abkürzend gesetzt:

$$c_1 : = c(n)$$

Tritt nun der Fall ein, daß n in der Urbildmenge von c_1 liegt, so ist $c_1(n)$ entweder ein Kontext oder nicht. Im ersten Falle wird, falls dies möglich ist,

$$c_2 : = c_1(n)(n) = c(n)(n)(n)$$

gebildet, usw. bis das entstehende Bild kein Kontext mehr ist. Daraus ergibt sich eine Abbildung

$$\bar{c} \; : \quad \underline{name} \quad \longrightarrow \quad \underline{obj}^{\mathrm{o}} \; ,$$

die folgendermaßen definiert ist:

$$\bar{c}\,(n) = \begin{cases} c(n) \; , \text{ falls } c(n) \text{ kein Kontext ist} \\ \\ c(n)...(n), \text{ falls } c(n) \text{ ein Kontext ist} \end{cases}$$

$\bar{c}$ heißt <u>Abschluß des Kontext</u> c. Man bemerke insbesondere, daß zu einem beliebigen Kontext c nicht unbedingt sein Abschluß existieren muß. Man bemerke ferner, daß der Abschluß eines Kontext wieder ein Kontext ist, jedoch mit der speziellen Eigenschaft, daß seine Bildmenge keinen Kontext mehr enthält.

<u>Prinzipieller Lösungsansatz:</u> Die speziellen Probleme, die der
Betrieb von Methodenbanksystemen im Rahmen eines Programmierverbundes auslöst, lassen sich - wie nun gezeigt wird - auf
natürliche Weise dadurch vestehen, daß man sich klar macht, in
welchem Kontext man sich bei welcher Operation auf Bausteinen
zu bewegen hat. Es müssen also folgende Objekte definiert werden:

- Kontexte, die geeignet sind, das Problem der Austauschbarkeit
  zu lösen,
- Operationen (Prozeduren, Routinen), die auf Bausteinen und
  Kontexten operieren.

Es wird im folgenden davon ausgegangen, daß der Zweck eines
Programmierverbundes darin besteht, Bausteine durch <u>Baustein-</u>
<u>ersteller</u> zu produzieren, diese an Methodenbankinstallationen
zu versenden, dort in <u>Modulbibliotheken</u> zu integrieren, um sie
<u>Benutzern</u> zur Verfügung zu stellen.

Wird ein Baustein erstellt, ist es möglich die Liste seiner Externbezüge anzugeben. Dies ist für jedes Modul möglich, egal ob
es (ausgezeichnet durch besondere Normierungen) den Rang eines
Bausteins hat oder nicht. Es ist daher zweckmäßig, in diesem
Zusammenhang vom <u>programmiermäßigen Kontext</u> eines Moduls zu
sprechen, da dieser durch die Regeln der jeweils verwendeten
Programmiersprache weitgehend bestimmt ist. Es ist nun ein weit
verbreitetes Übel, diesen speziellen Kontext für alle möglichen
Zwecke zu mißbrauchen. Es ist viel zweckmäßiger, für die mit
einem Modul durchzuführenden Aktivitäten unterschiedliche Kontexte zu verwenden.

Die Bezeichnung "programmiermäßiger Kontext" bezeichnet denjenigen Kontext, der sich als Liste von Externbezügen ergibt, die
ein Bausteinprogrammierer bei der Verwendung einer Programmiersprache explizit einrichtet. Daneben existieren aus der Sicht
der Anwendung einer Programmiersprache eine Reihe von Externbezügen, von denen der Bausteinprogrammierer in der Regel "nichts

merkt"; dies sind z.B. die von einem Compiler erzeugten Bezüge
auf sein Laufzeitsystem. Die von einem Bindelader aufzulösenden
Externbezüge zerfallen also in die zwei Gruppen:

- explizite Externbezüge, die im programmiermäßigen
  Kontakt enthalten sind,
- implizite Externbezüge, die compiler- bzw. betriebs-
  systemabhängig sind.

Formal wäre hier der Kontext des Laufzeitsystems eines Compilers
als Objekt zu nennen, welches aber im Rahmen einer Methodenbank-
organisation keine Rolle spielt, da die Verknüpfung eines Bausteins damit durch den jeweiligen Compiler vorgenommen wird.

Die erste Aktivität mit einem Modul ist es, es zu erzeugen. Dies
erfolgt innerhalb des Kontexts eines Bausteinerstellers, der
einen von ihm verwalteten Kontext in Form eines Kataloges besitzt, der ein Verzeichnis der erzeugten Moduln und einen Hinweis auf den Ort seiner Speicherung enthält. Dieser wird <u>Kontext
des Bausteinerstellers</u> genannt. Er ist pro Bausteinersteller
einmal vorhanden.

Die nächste Aktivität, die mit einem Modul erfolgt, ist das Aus-
liefern an Methodenbankinstallationen. Dabei wird ein <u>Ausliefe-
rungsverzeichnis</u> angelegt, welches im wesentlichen ein Teil des
Kontexts des Bausteinerstellers ist.

Als nächstes muß ein ausgelieferter Modul in das System der
Modulbibliotheken einer Methodenbank aufgenommen werden, was
abermals über einen Katalog, den <u>Kontext der Modulbibliotheken
einer Methodenbank</u> erfolgt. Ferner muß der programmiermäßige
Kontext eines Moduls als Datensatz in ein entsprechendes Datei-
system aufgenommen werden. Der dafür notwendige Katalog kann an
den Kontext der Modulbibliotheken einer Methodenbank gekoppelt
werden.

Um einen Baustein benutzen zu können, ist ein Katalog erforderlich, den man bei der Benutzung zur Orientierung einsehen kann.
Dieser wird als <u>Kontext des Benutzers</u> oder als <u>Kontext der Me-
thodenbank</u> bezeichnet.

Als weitere Objekte sind Operationen (Prozeduren, Routinen) zu
definieren, die die genannten Aktionen durchführen, wobei die
erwähnten Kontexte aktualisiert bzw. als Steuerinformation herangezogen werden. Abb. 4 enthält einen Überblick über die Objekte einer Methodenbank-Organisation, woraus auch die Bedeutung der hier angesprochenen Operationen hervorgeht.

Wesentlich an dem hier umrissenen Konzept ist, daß die Kataloge
der Bausteinersteller, der Modulbibliotheken und der Benutzer
unabhängig voneinander einzurichten und zu führen sind, so daß
bei der Wahl von Namen keine Rücksichten aufeinander zu nehmen
sind. Das einzig Konstante hierbei ist ein Modul zusammen mit
seinem programmiermäßigen Kontext. Die Systeme zum Führen der
genannten Kataloge können unterschiedliche Dateisysteme (File
Systems) mit unterschiedlichen Techniken der Namenswahl sein.
Welche Technik hierbei zum Einsatz führen kann, bleibt einer
Detailanalyse überlassen und soll hier nicht näher verfolgt
werden. (Man kann sich als Beispiel die Technik der qualifi-
zierenden Namen vorstellen, die aber den Namensinterpreter sehr
schwerfällig macht.) Grundsätzliche Überlegungen zur Konzipierung
von File-Systemen findet man bei J.H. SALTZER an der oben zi-
tierten Stelle. Eine Untersuchung über File-Systeme findet sich
auch bei CH. PARENT in 5/(PARE75), wo eine allgemeine Methode
angegeben wird, derartige Systeme zu charakterisieren und zu
klassifizieren.

Wichtig an diesem Konzept ist ferner, daß die Kataloge der unterschiedlichen Institutionen (Bausteinersteller, Modul-Bibliotheksverwaltung, Benutzer), die einen Baustein in die Hand bekommen,
diesen Baustein und die von ihm abhängigen Externbezüge trotz
unterschiedlicher Systeme der Namenswahl zweifelsfrei identifi-
zieren können.

Objekte	1)	2)	3)
Kontexte			
Kontext des Bausteinerstellers	X		
Auslieferungsverzeichnis	X	X	
Kontext der Modulbibliotheken		X	
Kontext des Benutzers		X	X
programmiermäßiger Kontext eines Moduls	X	X	X
Operationen			
Aktionen des Bausteinerstellers:			
Ausliefern	X		
Aktionen der Modul-Bibliotheksverwaltung:			
Aufnahme eines Moduls		X	
Löschen eines Moduls		X	
Reorganisieren der Verweisketten		X	
Aktualisieren des Benutzerkontexts		X	
Aktionen des Benutzers (methodenorientiertes Programmieren):			
Display des Kontexts eines Bausteins			X
Veränderung des Kontexts eines Bausteins			X
Dynamisches Verknüpfen von Bausteinen			X

Erläuterungen:

1) Bausteinersteller

2) Modul-Bibliotheksverwaltung

3) Benutzer

Abb. 4   Objekte einer Methodenbank-Organisation

Es ist zu bemerken, daß es (in der Regel) einen bedeutenden fachlichen und qualitativen Schritt darstellt, einen Baustein zu erstellen. Ebenso stellt es einen besonderen Akt dar, diesen Baustein sinnvoll anzuwenden. Vergleichsweise dazu ist die bibliothekarische Aktivität, einen Baustein in eine Methodenbank aufzunehmen, wenn es sich nicht gerade um schwierige Klassifikationsprobleme handelt, eine mehr routinemäßige Angelegenheit. In der hier angestellten Betrachtung geht es aber weniger um eine Gewichtung derartiger Aktivitätsbereiche, sondern um die genannten technischen Schierigkeiten eines Programmierverbundes und um die Probleme der methodenorientierten Programmierung.

Es ist für die Realisierung einer dynamischen Bindeoperation wichtig, bezug auf den Kontext zu nehmen, durch den auf die direkt oder mit Autolink anzubindenden Moduln zugegriffen werden soll. Dieser Kontext ist jedoch der oben erwähnte Kontext der Modulbibliotheken einer Methodenbank. Deshalb wird dieser Kontext besonders hervorgehoben, obwohl qualitativ die Aktivität der Verwaltung einer Modulbibliothek dem Erstellen und Anwenden eines Bausteins nachzuordnen ist.

Bei den üblichen Operationen des dynamischen Bindens, wird der z.B. der für die "RCA-artigen" Maschinen übliche Kontext in Form der ESD-Karten als Teil desjenigen Kontext betrachtet, aus dem alle Link- und Autolink-Operationen zu befriedigen sind. Dies ist für die diskutierten Fragen eines Programmierverbundes schlicht ungültig. Der programmiermäßige Kontext eines Bausteins, der für "RCA-artige" Maschinen üblicherweise in Form von ESD-Karten vorliegt, ist _nicht_ Teil des Kontext der Modulbibliotheken einer Methodenbank, sondern es muß durch eine _explizite Bindeoperation_ eine Beziehung zwischen diesen beiden Kontexten hergestellt werden von der Gestalt, daß der dadurch erzeugte Kontext der Abschluß des programmiermäßigen Kontextes eines Bausteins ist.

Die erste Operation, die in dem hier erörterten Zusammenhang benötigt wird, ist das _Ausliefern eines Bausteins_. Da es einer "Top-Down-Verfeinerung" überlassen werden kann, wie eine solche Operation zu implementieren ist, steht als nächste Operation die

<u>Aufnahme eines Moduls in eine Modulbibliothek</u> an. Beim Auslie-
fern eines Bausteins wird sein programmiermäßiger Kontext mitgeliefert. Bei der Aufnahme eines Bausteins in eine Bibliothek
ist nun eine Verbindung zwischen dem mitgelieferten programmiermäßigen Kontext und dem Kontext der Modulbibliotheken einer
Methodenbank herzustellen. Diese Bindeoperation kann ein eigenständiges Programm sein, welches einen Kontext erzeugt, auf den
ein <u>dynamischer Bindelader</u> als Steuerinformation zurückgreifen
kann.

Es kann der Fall eintreten, daß ein neu angelieferter Baustein
ein Modul aufruft, das bereits in einer Methodenbank vorhanden
ist. Damit ist es denkbar, daß der durch die eben erwähnte Bindeoperation etablierte Kontext auf den programmiermäßigen Kontext
eines anderen Bausteins verweist. Dies führt dazu, daß auf diese
Weise "durch historisches Wachstum" Verweisketten entstehen, die
durch eine direkte Verknüpfung des programmiermäßigen Kontext
eines Bausteins mit dem Kontext der Modulbibliotheken einer Methodenbank behoben werden können, was als "Reorganisation der
Verweisketten" bezeichnet werden kann.

Nachdem ein Baustein in eine Modulbibliothek aufgenommen ist,
d.h. nachdem sein programmiermäßiger Kontext mit dem Kontext der
Modulbibliotheken einer Methodenbank verbunden worden ist, ist
seine Verbindung zu demjenigen Kontext herzustellen, über den
ein Benutzer einen Baustein auswählt. Daß ein solcher Kontext
unabhängig vom Kontext der Modulbibliotheken einer Methodenbank
verwendet wird, bietet den Vorteil, aus den Fachgebieten der
Bausteine resultierende allgemeine Benutzungsnormungen zu forma-
lisieren, unabhängig davon, in welchem besonderen (rechnerabhän-
gigen) Kontext die Modulbibliotheken einer Methodenbank aufgebaut sind. Es ist nämlich nicht so ohne weiteres möglich, die
Kontexte der Modulbibliotheken einer Methodenbank einheitlich
und rechnerunabhängig zu normieren, wenn bei einer Implementierung zweckmäßigerweise auf die durch die einzelnen Betriebssysteme vorgezeichneten Möglichkeiten des Führens von Modulbibliotheken Rücksicht genommen werden muß.

Wenn bei der Aufnahme eines Bausteins in eine Methodenbank eine
Verbindung zwischen seinem programmiermäßigen Kontext und dem
Kontext der Modulbibliotheken dieser Methodenbank hergestellt
worden ist, ist es für einen dynamischen Bindelader möglich, den
Abschluß des so erzeugten Kontextes dieses Bausteins zu erstellen.

Lösung durch vorhandene Systemdienste: Bei der bisherigen Realisierung des Steuersystems MEBA sind die Probleme eines Programmierverbundes nicht in der hier erörterten Weise in Betracht gezogen worden.

Dennoch ist es hier angebracht, für die einzelnen Betriebssystemversionen darzulegen, in welcher Weise vorhandene Systemdienste
zur Implementierung der dynamischen Verknüpfung von Bausteinen
innerhalb der Methodensprache benutzt werden konnten.

TR440/BS3: Es kann für die dynamische Verknüpfung eines TR440:
Operators mit einem Baustein der dynamische Start eines TR440:
Sohnoperators ausgenutzt werden. Gemäß den hierbei geltenden Be-
dingungen muß der Sohnoperator ein eigenständiges Hauptprogramm
sein. Da jedoch ein Baustein in der Regel als Unterprogramm (SUB-
ROUTINE in FORTRAN) geliefert wird, ist es notwendig, bei der
Aufnahme eines Bausteins in ein Methodenbanksystem diesen mit
einem standardisierten Hauptprogramm zu verbinden und als TR440:
Operator zu binden (TR440:montieren) und so in eine Operatorbibliothek aufzunehmen. Diese Bindeoperation ist eine Einschließung
durch Kopieren. Als besonderer Nachteil hierbei ist zu bemerken,
daß bei einer Mehrfacheinschließung von Routinen in verschieden-
Bausteinen, insbesondere auch der Routinen des Laufzeitsystems
des angewandten Compilers, sehr viel redundante Information in
einer derartigen Operatorbibliothek enthalten ist, so daß schon
aus speichertechnischen Gründen hier eine andere Lösung anzustreben wäre. Ferner sind hier die bereits oben erwähnten Hemmnisse
einer Einschließung durch Kopieren bei Aktualisierungsvorgängen
zu erwähnen. Außerdem kann man bei einer derartigen Realisierungs-
technik ein dynamisches Verändern des Kontext eines Bausteins
durch den Benutzer nicht erreichen.

<u>SIEMENS/BS2000</u>: Im Rahmen des BS2000:DLL (Dynamic Link Loader) ist es mittels des Macros LINK möglich, dynamisch ein Modul aus einer BS2000:Modulbibliothek an ein gestartetes Programm anzubinden und auszuführen. Dabei wird der Kontext des anzubindenden Moduls in den Kontext des den LINK-Macro aufrufenden Programms und den Kontext der Modulbibliothek aufgelöst. Hierbei wird z.B. vorausgesetzt, daß der Name eines von einem Baustein aufgerufenen Moduls im Kontext einer Modulbibliothek enthalten ist. Ein dynamisches Verändern des Kontext eines Bausteins durch den Benutzer kann auch hier nicht auf dierektem Wege implementiert werden. Dies wird an folgendem Beispiel erläutert:

Sei N der Name eines von einem Baustein aufgerufenen Moduls, der unter dem Namen N als Objekt A1 in einer Modulbibliothek MB1 abgespeichert ist, wo auch der rufende Baustein selbst enthalten ist. Besteht nun der Wunsch, statt des Objektes A1 ein Objekt A2 (z.B. als geringfügige methodische Variante von A1) zur Ausführung zu bringen, ohne den Quelltext des rufenden Bausteins zu verändern so daß also das Objekt A2 vom rufenden Baustein nach wie vor unter dem Namen N erreicht werden soll, so ist es möglich, beim Aufruf des Macros LINK den Namen der Modulbibliothek zu ändern, um beispielshalber in einer Bibliothek MB2 den Baustein und das Objekt A2, das unter dem Namen N in MB2 zu finden ist, zu suchen. Daß dies ein äußerst umständliches Verfahren ist, das genannte Ziel zu erreichen, ist offensichtlich.

<u>IBM 370/SVS</u>: Ebenso wie bei Betriebssystem BS2000 ist es mit einem Macro IBM:LINK möglich, ein Modul aus einer IBM:untergliederten (partitioned) Datenmenge dynamisch zu binden. Dabei muß der Name des anzubindenden Moduls direkt im IBM:Directory einer Bibliothek enthalten sein. Die volldynamische Änderung der Bindung des programmiermäßigen Kontext eines Bausteins an den Kontext einer Modulbibliothek ist auch hier nicht ohne weiteres implementierbar.

<u>Schlußfolgerung</u>: Wie an drei konkreten Beispielen gezeigt worden ist, sind die herkömmlichen, in einigen Betriebssystemen vorhandenen Systemdienste zur Realisierung einer dynamischen Binde-

bzw. Starteoperation von Bausteinen nicht geeignet, um die weiter oben beschriebenen Probleme eines Programmierverbundes und einer Methodenbankorganisation lösen zu können. Der Grund hierfür liegt bei den beiden zuletzt genannten Betriebsystemen darin, daß diese Bindelader implizit davon ausgehen, daß der programmiermäßige Kontext eines Bausteins direkt im Kontext der angeschlossenen Modulbibliotheken enthalten ist.

Grundsätzlich gelöst werden die angesprochenen Probleme durch zwei Objekte:

a) eine Routine, welche bei der Aufnahme eines Bausteins in eine Methodenbank den programmiermäßigen Kontext mit dem Kontext der Modulbibliotheken der Methodenbank _verbindet_, und somit einen _gebundenen programmiermäßigen Kontext_ dieses Bausteins erzeugt. Dieser letztgenannte Kontext ist - anschaulich gesprochen - eine Tabelle, die die Namen der von einem Baustein aufgerufenen Routinen in Namen umsetzt, unter denen diese in den Modulbibliotheken zu finden sind.

b) ein dynamischer Bindelader, der in der Lage ist, über den als Tabelle eingegebenen gebundenen programmiermäßigen Kontext eines Bausteins die Funktion des dynamischen Bindens und Startens auszuführen.

YOUR PROBLEM MAY BE MODEST: BUT IF IT CHALLENGES YOUR CURIOSITY
AND BRINGS INTO PLAY YOUR INVENTIVE FACULTIES, AND IF YOU SOLVE
IT BY YOUR OWN MEANS, YOU MAY EXPERIENCE THE TENSION AND ENJOY
THE TRIUMPH OF DISCOVERY.

G. POLYA
HOW TO SOLVE IT

2. Heuristische softwaretechnologische Methoden

Die Entwicklung von Methodenbanksystemen wird durch drei Haupt-
faktoren bestimmt: Es müssen Lösungen zu den Fragen der Organisation einer Methodenbank, sowie die Zugriffsmöglichkeiten und
der Verknüpfungsmöglichkeiten einzelner Elemente hiervon gefun-
den werden. Der zweite, die Entwicklungsrichtung entscheidend
bestimmende Faktor ist die Forderung der weitgehenden Portabilität, was, präzise formuliert, folgender Aufgabestellung
gleichkommt: Es ist für das zu entwickelnde System eine Menge
von Moduln (Unterprogrammen, SUBROUTINE-Unterprogrammen) so zu
konzipieren, daß das Konzept auf jeder der gewünschten Anlagen
implementiert werden kann, daß ferner diese Menge von Moduln
in zwei disjunkte Teilmengen zerfällt, von denen die größere
in einer höheren Programmiersprache als voll portabler Quellcode festgelegt werden kann, und von denen die kleinere in Dialekten dieser Programmiersprache oder Assembler pro Implementierung erstellt werden muß. Der dritte Faktor, der die Vorgehensweise beeinflußt hat, ist mehr allgemeiner Natur. Er besteht darin, für das zu entwickelnde System gewisse Qualitäten
zu erzielen, wie Modularität, Testbarkeit, Übersichtlichkeit,
Wartbarkeit und Überwachbarkeit. Da es sich um die Entwicklung
eines größeren Software-Systems handelt, müssen hier auch die
Realisierungsstrategien und Beschreibungstechniken der Software
erörtert werden.

L.: WHAT CAN WE DO TO HELP THE MAN WRITING
    PORTABLE SOFTWARE NOT TO MAKE MISTAKES?
R.: EDUCATE HIM. (LAUGHTER) THERE IS NO WAY...
    ...
F.: A NEW WORD LENGTH IS NOT A PROBLEM, UTILIZING NEW
    RESOURCES IN A COMPLEX SYSTEM IS A MAJOR TASK.

ON WRITING PORTABLE SOFTWARE 3/(BUXT70), P.31

a) Portabilität

Portabilität schlechthin befaßt sich mit der Übertragung von Programmen von einem Rechner, auf dem sie korrekt ablauffähig sind,
auf einem anderen Rechner, mit dem Ziel, diese dort in der Weise
lauffähig zu haben, so daß diese in beiden Fällen die gleichen
oder zumindest vergleichbare Ergebnisse produzieren. Dabei werden alle bei der Übertragung auftretenden Fragen und Schwierigkeiten in Betracht gezogen. Hierzu gehört:

(X1) *Technische Beschaffenheit und softwaremäßige Normierung*
      von Datenträgern.
(X2) *Code zur Zeichendarstellung.*
(X3) *Standardisierte Verwendung höherer Programmiersprachen.*
(X4) *Schnittstellen zu den Betriebssystemen.*
(X5) *Übertragbarkeit des Entwurfs eines Software-Produktes.*
(X6) *Dokumentation von Software.*
(X7) *Verteilungs- und Vertriebsprobleme.*

Qualitativ ist der Begriff "Portabilität" in der Literatur des
öfteren untersucht worden. Es ist z.B. interessant zu beobachten,
welchen Raum dieses Schlagwort in den Konferenzen über Software
Engineering in Garmisch (7.-11.10.1968, vgl. 3/(NAUR69)), Rom
(27.-31.10.1969, vgl. 3/(BUXT70)) und München (21.2.-3.3.1972,
vgl. 3/(BAUE75)) einnimmt. Im Tagungsband der erstgenannten Konferenz tritt "Portabilität" als Stichwort genau an zwei Stellen
auf. In der Konferenz von Rom wird dieses Thema als gesonderter
Beitrag erörtert. Dabei werden bereits die beiden grundsätzlichen
Techniken, Portabilität zu erreichen, angesprochen:

(T1)   Programmieren in einer höheren Programmiersprache,
(T2)   Bootstrap aus einem existierenden System.

Bei dem "Fortgeschrittenenkurs" in München werden diese beiden
Grundansätze von P.C. POOLE und W.M. WAITE (vgl. 5/(POOL75))
systematisch erörtert. Ihre Beiträge sind betitelt als:

- Portability Through High Level Language Coding,
- Portability Through Abstract Machine Modelling.

Angeregt durch die Erfahrungen des Projektes NAG zur Entwicklung
einer portablen Bausteinbibliothek haben S.J. HAGUE und B. FORD
in 5/(HAGU76) die Technik (T1) in zwei Teiltechniken aufgeglie-
dert:

(T1.1)   die Korrekturmethode (corrective approach)
(T1.2)   die Vorhersagemethode (predictive approach)

Die erstgenannte Methode kann man auch als die Methode von "Ver-
suc und Irrtum" bezeichnen. Bei ihr wird Software für eine Maschine A erstellt, ohne dabei von vorne herein an eine Umstellung
auf eine Maschine B zu denken. Beim Übertragen der Software auf
Maschine B werden im Quellcode der für A erstellten Software solange Änderungen vorgenommen, bis eine auf B ablauffähige Software entsteht. Dies setzt natürlich voraus, daß die erstellte
Software in einer Programmiersprache (Maschinensprache, Assemblersprache oder höheren Programmiersprache) geschrieben ist bzw.
vorliegt, die auf den Anlagen A und B existiert. Der Hinweis,
Portabilität auch für Software, die in Maschinencode vorliegt,
in Betracht zu ziehen, ist nicht ohne praktische Relevanz: Bei
der großen Familie der Rechner vom "RCA-Typ" (z.B. UNIVAC 9000,
ICL SYSTEM 4, SIEMENS 4004 - ab einer gewissen Type -, IBM 360 -
ab einer gewissen Type -, IBM 370, SIEMENS 7.000) unterscheiden
sich die Maschinendecks hauptsächlich in den Systemkonventionen
über den Aufbau der ESD- und RDL-Karten (manchmal auch in der
Verwendung der V-Konstanten). Code, der keine E/A-Operationen
enthält, kann somit sehr leicht umgestellt werden.

Die <u>Vorhersagemethode</u> impliziert, daß vor Beginn der eigentlichen Codierungsarbeiten analysiert wird, welche Schwierigkeiten bei der Implementierung von Software für eine gegebene
Aufgabenstellung auf einer gegebenen Menge von Anlagen/Be-
triebssystemen zu erwarten sind. Derartige Analysen können den
für die Lösung der gestellten Aufgabe zu erarbeitenden Soft-
wareentwurf entscheidend beeinflussen.

Unter dem Gesichtspunkt der einheitlichen Implementierbarkeit
ist es dabei oft zweckmäßig, die Möglichkeiten eines Betriebssystems nicht voll auszunutzen. In einfacheren Fällen können
Anweisungen in einer höheren Programmiersprache, deren genaue
syntaktische Form bei den einzelnen in Betracht gezogenen Compilern (leicht) unterschiedlich ist, für sämtliche gewünschte
Zielsysteme als besonders gekennzeichnete Kommentarkarten in
eine Urdatei (Master-File) aufgenommen werden, aus den dann mittels eines geeigneten Auswahlprogramms für ein gewünschtes Ziel-
system ein Quelldeck erzeugt wird. Diese Methode funktioniert,
solange die syntaktisch differierenden Anweisungen bei den einzelnen Compilerversionen eine eindeutige Zuordnung besitzen.
Dies ist z.B. der Fall bei der DATA DIVISION in COBOL oder bei
den Namen der mathematischen Funktionen der FORTRAN-Compiler,
wie z.B. für den Arcussinus langer Genauigkeit:

```
UNIVAC 1100/FORTRAN V        DASIN
IBM, SIEMENS, TELEFUNKEN     DARSIN
```

In komplexeren Fällen empfiehlt es sich jedoch auf eine Realisierung der gesamten Software in einer höheren Programmiersprache zu verzichten und "Nicht-Portabilitäten" durch den Entwurf
von portablen Schnittstellen (Unterprogramm-Aufrufen) "einzu-
grenzen". Diese Unterprogramme sind dann maschinenabhängig zu
realisieren. Diese Vorgehensweise erspart es einem, umständliche
Vergleiche zwischen den Erweiterungen der einzelnen Compiler an-
zustellen, die über einen definierten oder anerkannten Standard
hinausgehen.

Damit ist die Frage, portable Software zu erstellen, <u>ganz entscheidend eine Frage des Software-Entwurfes</u>.

Qualitativ wird in der vorliegenden Arbeit der Begriff der Portabilität folgendermaßen verstanden:

*Ein Programm sei auf einer Anlage A ablauffähig. Es bestehe das
Ziel, dieses ggf. durch Änderungen auf der Anlage B so zum Lau-
fen zu bringen, daß es zu A vergleichbare Ergebnisse liefert.
Dann ist dieses Programm von A nach B portabel, wenn der Aufwand, das genannte Ziel zu erreichen, geringer ist, als das Programm für Anlage B neu zu schreiben.*

<u>Quantitativ</u> ist der Begriff "Portabilität" wenig in der Litera-
tur untersucht worden. Für das System MEBA werden in Teil II,
Abschnitt 3, Messungen im Rahmen der Effizienzanalyse dargestellt.

<u>Zu (X1) und (X2)</u>: Die Normierung der bei der Übertragung von
Software einzusetzenden Datenträger (z.B. Lochkarte, Magnet-
band) ist die erste Grundvoraussetzung zur Erreichung von Portabilität. Ernste Schwierigkeiten können bei der Verwendung
unterschiedlicher Codes auftreten, z.B. durch einen unterschiedlichen Zeichenvorrat und durch unterschiedliche Vergleichssequenzen (collating sequence) der einzelnen Zeichen. Einen Überblick über einige hierbei auftretenden Fragen hat W.M. WAITE
in 5/(WAIT75) gegeben, der einige Hinweise zu Verteilungspro-
blemen portabler Software enthält. In diesem Artikel sind auch
einige ANS-Normen aufgeführt, die sich auf die Verwendung von
Datenträgern beziehen.

<u>Zu (X3)</u>: Um mittels höherer Programmiersprachen möglichst leicht
portable Software erstellen zu können, sind Standardisierungen
dieser Programmiersprachen notwendig. In einem ausführlichen
Übersichtsartikel 5/(MUXW76) gibt D.T. MUXWORTHY eine umfassende Darstellung der Anwendung von FORTRAN als Portabilitätsinstrument.

<u>Zu (X4)</u>: Bei der Verwendung einer höheren Programmiersprache als Portabilitätsinstrument tritt häufig der Fall auf, daß Leistungen einer Anlage benötigt werden, die nicht in dieser Sprache zur Verfügung stehen. Der Entwurf geeigneter Schnittstellen (=Unterprogrammaufrufe) hilft die Übertragbarkeit von Programmen zu erhöhen. Bei der Entwicklung mathematisch-numerischer Software tritt jedoch eine andere Art von Maschinenabhängigkeit auf: Die Zahldarstellung und die Rundungsmechanismen bei Operationen der Gleitkommaarithmetik beeinflussen die Rechengenauigkeit sehr stark. Aus diesem Grunde hat z.B. P. NAUR (vgl. 5/(NAUR67)) die Einführung von "Abfragefunktionen an die Umgebung" (Environment Enquiries) gefordert. Zu den Werten, die aus der Umgebung ("aus dem System") abgefragt werden sollen, gehört z.B. die Länge eines Maschinenwortes in Bits.

Verallgemeinert man diesen Gedanken, so ergibt sich sehr bald eine Liste von maschinen- bzw. betriebssystemabhängigen Parametern, über die eine portable Software gesteuert werden sollte. Hierzu gehören Parameter wie die Anzahl der Zeichen einer Druckzeile oder Terminalzeile. Eine einschlägige Zusammenstellung hat z.B. B. FORD gegeben (vgl. 5/(FORD76)).

Es wäre hierbei angebracht, (international) allgemein gültige Normungen zu treffen, die die Art und Bedeutung der maschinen-/ betriebssystemabhängigen Parameter festlegen, über die portable Software gesteuert werden soll (vgl. Abschnitt 1,e).

<u>Zu (X5)</u>: Portable Software dient zur Lösung maschinenunabhängiger Probleme. Es ist sinnlos, von portabler Software zu sprechen, wenn damit nur maschinenabhängige Aufgaben gelöst werden, selbst wenn der Quellcode hierzu <u>syntaktisch</u> einen voll portablen Standard erfüllt. Umgekehrt ist die Beschreibung von in portabler Software zu verwendenden Schnittstellen, deren Realisierung nur maschinenabhängig möglich ist, gleichzusetzen mit dem Problem eine maschinenunabhängige Sprachebene zu finden, innerhalb derer eine Darstellung aller Schnittstellen möglich ist.

<u>Zu (X6)</u>: Es genügt hierzu folgender Hinweis: Software, die nicht ausreichend dokumentiert ist, ist i.a. schwerer zu übertragen, als gut dokumentierte Software. Dokumentationsrichtlinien sind ein Hilfsmittel, um die Übertragbarkeit von Software zu erhöhen.

<u>Zu (X7)</u>: Wird ein Softwareprodukt laufend eingesetzt, ist es unbedingt erforderlich, einen Wartungsdienst hierfür in Anspruch zu nehmen. Ist ein Softwareentwurf auf mehreren Anlagen implementiert, und will man die einheitliche Funktionsfähigkeit der einzelnen Installationen wahren, so ist ein zentraler Wartungsdienst die Grundvoraussetzung dafür, die Eigenschaft "portabel" aufrecht erhalten zu können.

THE HUMAN MIND CAN ACCOMMODATE ANY AMOUNT OF COMPLEXITY AS
LONG AS IT IS PRESENTED IN EASY-TO-GRASP CHUNKS THAT ARE
STRUCTURED TOGETHER TO MAKE THE WHOLE.

DOUGLAS T. ROSS

b) Beschreibungstechniken:

Die folgenden Ausführungen beinhalten ein kurzes Resumé einiger
Projektführungstechniken, die bei der Entwicklung des Systems
MEBA angewandt worden sind und die von allgemeinem Interesse
sind. Sie stellen einen softwaretechnologischen Beitrag dar,
der aus einer Synthese von Erfahrung, Reflexion und Literatur-
studium erwachsen ist. Er ist aus dem Bemühen entstanden, Software in einem Software-Haus unter realen Auftrags- und derzeit
noch häufig anzutreffenden Arbeitsbedingungen zu produzieren.
Hierzu gehören:

- vorgegebenes Budget,
- vorgegebene Termine,
- begrenzte Manpower,
- begrenzte technische Möglichkeiten.

Zu den technischen Begrenzungen gehören insbesondere knappe
Rechenzeit, knapper Speicherplatz, stark eingeengter Zugang zum
Rechner, knappe Schreibkapazität und Bürohilfe, lange Zyklus-
zeiten beim Aufbereiten der Dokumente, sowie das Fehlen von
Normierungen und Richtlinien zur effektiven Durchsetzung von
Führungsaufgaben.

Als besondere Bezugspunkte zur existierenden Literatur sind
für die folgenden Darstellungen zu erwähnen:

- das Chief-Programmer's Prinzip von F.T. BAKER (3/(BAKE72)),
- der Ansatz SA zur strukturierten Analyse von D.T. ROSS
  (3/(ROSS77)),
- die Idee der dualen Sprache von R.W. FLOYD (3/(FLOY67)),
- Die methodologischen Ansätze des Software-Hauses CAP
  Sogetti Logiciel (3/(CAP75)).

Die Dokumentation der Software des Steuersystems MEBA stützt
sich auf folgende Beschreibungstechniken:

(H1) Strukturbäume,
(H2) Tabellen zur Beschreibung von Parameterlisten,
(H3) Tabellen zur Beschreibung von Daten,
(H4) Entscheidungstabellen,
(H5) Programme zur Sichtbarmachung und Führung von
modulübergreifender Information,
(H6) Rollierendes Dokumentationsverfahren,
(H7) Deutsche Sprache.

<u>Zu (H1) und (H7)</u>: Zur Beschreibung eines Softwaresystems eignen
sich <u>Strukturbäume</u> vorzüglich. Ihr Vorteil besteht in folgendem:

- Sie sind graphisch leichter zu entwerfen als Flußdiagramme.
Sie unterstützen optisch die Konzentration, wenn es darum
geht, die Grundstruktur und Gliederung eines Programms aufzufinden.

- Die Darstellungsform ist kompakt. Man bringt auf einer Seite
mehr unter als bei Flußdiagrammen. Man kann außerdem ein
Blatt frei gestalten, was die optische Aufnahmefähigkeit
unterstützt, ganz im Gegensatz zu Flußdiagrammen, wo man
durch normierte Kästchen oft gezwungen ist, Strukturteile
auf Zusatzblätter auszugliedern, die besser im Zusammenhang
mit anderen Teilen optisch präsentiert werden sollten.

- Strukturdiagramme sind in der Lage, beliebig viel Text in
<u>natürlicher Sprache</u> aufzunehmen, was ebenfalls den Normie-
rungen der Flußdiagramme widerspricht.

- Im Gegensatz zu Nassi-Shneiderman-Diagrammen, einem weiteren
graphischen Hilfsmittel zur Programmanalyse, muß nicht jede
bei der Analyse in Angriff genommene "wenn-dann-Beziehung"
bis zum Ende durchkonstruiert werden; man kann vielmehr durch
eine verbale Kurzformulierung eine Detailanalyse abbrechen,
um diese einerseits zu einem späteren Zeitpunkt fortzusetzen

und andererseits den globalen Überblick über das zu entwer-
fende Programm nicht zu verlieren. Die Maxima, die hinter
dieser Vorgehensweise steckt, lautet: Es ist wichtiger, ein
Programm "von der Sache her", d.h. von seiner Aufgabenstellung
her, klar zu gliedern und dadurch seine Struktur global festzulegen, als zwar eine syntaktisch einwandfreie Blockstruktur
(z.B. bei Verwendung ALGOL-ähnlicher Programmiersprachen) zu
haben, von der aber nicht garantiert werden kann, ob diese so
gewollt ist.

In Abb. 5 ist ein Beispiel eines Strukturbaumes dargestellt,
welches aus der Softwaredokumentation des Steuersystems MEBA entnommen ist. In Abb. 6 sind die Symbole enthalten, aus denen ein
Strukturbaum besteht. Ein Strukturbaum ist ein gerichteter Graph
(vgl. 4/(MUEL75)), der aus Knoten und Kanten besteht. Die Knoten
repräsentieren die Aktionen eines Programms, die Kanten die Über-
gänge von einem Knoten zum anderen (Aktionsfolge, Sprünge). An
jeden Knoten und an jede Kante können beliebige Texte beigefügt
werden. Die Texte an den Knoten beschreiben in freier, aber möglichst präziser Formulierung in natürlicher Sprache die Aktion,
die im später codierten Programm an dieser Stelle ausgeführt werden soll. Die Texte an den Kanten geben den Grund des Übergangs
von einem Knoten zu einem anderen an. Dies ist z.B. bei einem
Verzweigungsknoten von Bedeutung, wie in Abb. 5 zu erkennen ist.
Die Frage, die als Text an einem Verzweigungsknoten steht, wird
durch die Texte an den hierauf folgenden verzweigenden Kanten
(von einem Verzweigungsknoten können mehrere Kanten ausgehen)
beantwortet.

Die Regeln, einen Strukturbaum mit den in Abb. 6 enthaltenen
Symbolen zu zeichnen, sind äußerst einfach:

1) Ein Strukturbaum beginnt mit einem Anfangsknoten und endet
   mit einem Endeknoten.
2) Ein Aktions- und Fehlerknoten hat genau einen Ausgang, ein
   Verzweigungsknoten hat mehrere Ausgänge.
3) Schleifen und Schleifenverschachtelungen werden nach den
   üblichen Regeln konstruiert:

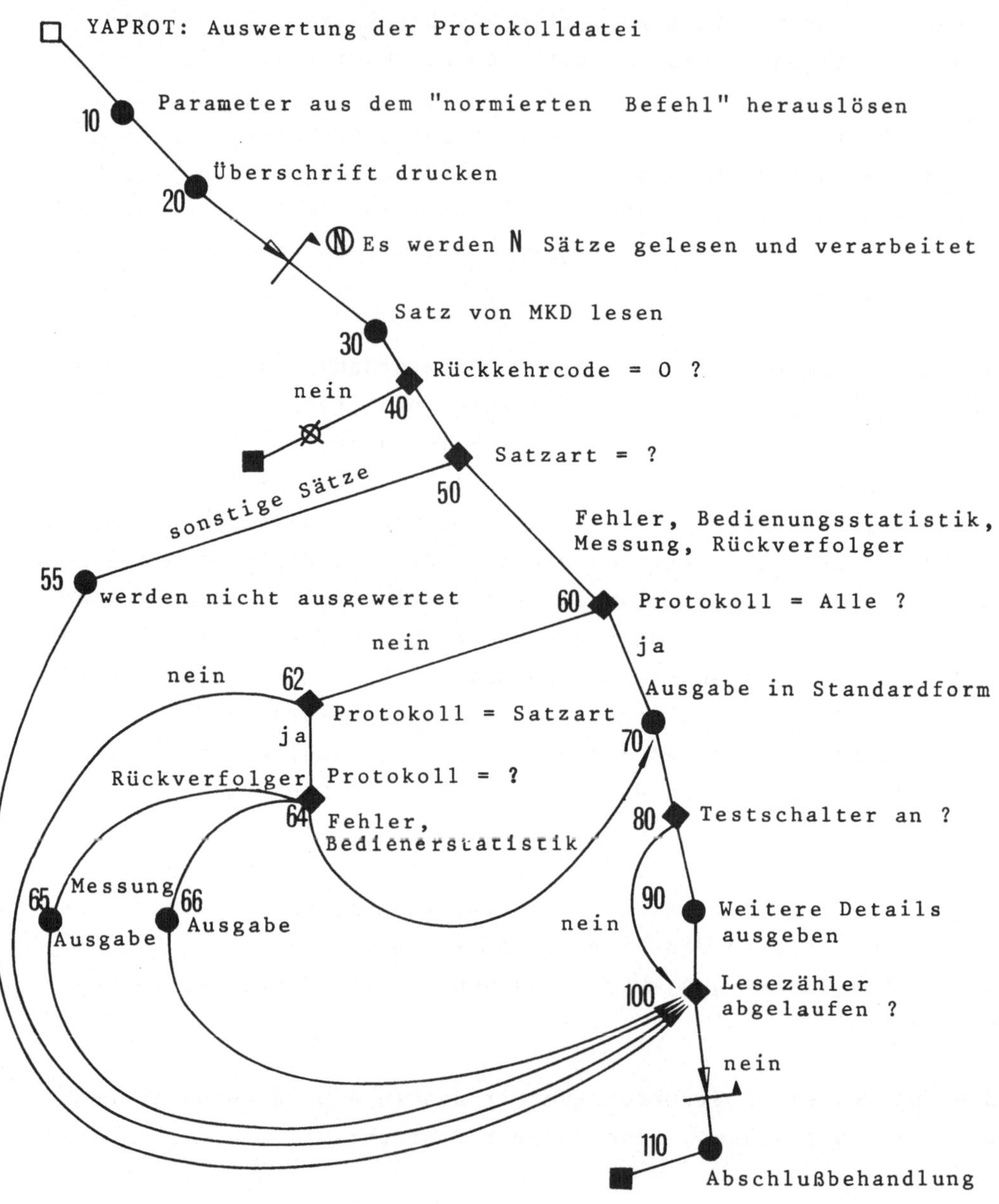

ABB. 5   BEISPIEL EINES STRUKTURBAUMES

Code	graphisches Symbol	Bedeutung
A	□	Anfangsknoten (Beginn eines Strukturbaumes)
C	●	Aktionsknoten
V	◇	Verzweigungsknoten
F	⊠	Fehlerknoten
E	■	Endknoten (Ende eines Strukturbaumes)
X	▽▽┼▽▽	Beginn einer Schleife [1]
Y	▲▲┼▲▲	Ende einer Schleife [1]
G	—— oder ——→	Kante [2]
(n)	Ⓝ	Schleifenparameter [3]

[1] Die Pfeile sind wesentlich, um i.a. den Schleifenbeginn mit dem Schleifenende nicht zu verwechseln.

[2] Ist die Richtung einer Kante aus dem Zusammenhang klar, kann auf die Pfeilspitze verzichtet werden.

[3] Der Schleifenparameter zeigt an, wie oft eine Schleife durchlaufen werden soll.

Abb. 6   Symbole eines Strukturbaumes

- Keine Kante darf von außerhalb einer Schleife in sie hineinführen.
- Zu jedem in einer Schleife auftretenden Schleifenanfang gehört ein Schleifenende, das innerhalb der übergeordneten Schleife liegt.

4) Um zu einem Schleifenanfang sein zugehöriges Schleifenende ablesen zu können, werden die graphischen Symbole hierfür mit soviel Zacken gekennzeichnet, wie es dem Grad der Schleifenvernestung entspricht.

Ein Strukturbaum repräsentiert den Kontrollfluß und damit die Struktur eines Programms. Sein Detaillierungsgrad ist in keinster Weise vorgeschrieben. Er stellt sich im Laufe der Analyse ein und kann, je nach Anforderung, beliebig verfeinert werden. Diese graphische Methode bietet somit die Möglichkeit, vom Gröberen ins Detail (Top-Down) die Struktur eines zu erstellenden Programms aufzufinden, solange bis sich ein ausreichender Verfeinerungsgrad eingestellt hat, so daß die Festlegung der letzten Details der Codierung des Programms ohne Risiko überlassen werden kann.

Ein Programm ist ein Produkt menschlicher Kreativität, was in einer (Programmier-) Sprache dargestellt und ausgedrückt werden muß. Es unterliegt daher ähnlichen Gesetzmäßigkeiten, wie jede Art menschlichen Ausdrucks (vgl. 4/(KERN74) und 3/(ROSS77)).

Der wichtigste Grundsatz, der schon seit Jahrhunderten von guten Geschichtenerzählern befolgt wird, lautet: Ein Text ist sorgfältig und klar zu __gliedern__ (Dekompositionsprinzip, Antithese). Jedem Gliederungspunkt muß in Form einer Überschrift eine __Kurzbezeichnung__ zugeordnet werden können, um seine besondere Rolle im Zusammenhang des gesamten Textes von anderen Teilen des Textes erkennen zu können (Kompositionsprinzip, Synthese). Ferner kann jeder Gliederungspunkt nach den eben genannten Gesetzmäßigkeiten weiter __untergliedert__ werden, also wie ein Text behandelt werden (hierarchisches Prinzip, Rekursivität).

Die Knoten eines Strukturbaumes repräsentieren die Gliederungspunkte eines Programms. Die Texte an den Knoten sind die Überschriften dieser Gliederungspunkte. Es ist daher naheliegend,
diese in Form besonderer Kommentare als Kapitelüberschriften in
den zu codierenden Quelltexten eines Programms aufzunehmen. Die
graphische Repräsentation eines Strukturbaumes kann ablochfähig
gestaltet werden, wobei den auftretenden Symbolen ein Code zugeordnet werden kann (vgl. Abb. 6). Dabei ist es möglich, eine
Grammatik (duale Sprache) anzugeben, die die Formulierung von
Strukturbäumen erlaubt. In Abb. 7 ist eine derartige Grammatik
definiert.

Diese Art der Programmanalyse und Programmentwicklung hat jedoch
einen entscheidenden Nachteil: Die Datenstrukturen, auf denen
ein Programm operiert, sind damit nicht sichtbar gemacht. Innerhalb des MEBA-Systems werden jedoch zu ihrer Beschreibung andere
Techniken herangezogen (vgl. (H2) und (H3)). Die Antithese von
Kontroll- und Datenstrukturen eines Programms, deren Synthese
erst ein vollständiges und korrektes Programm ausmacht, hat bei
der Entwicklung des MEBA-Systems dazu geführt, daß neben dem
Integrationstest und der Softwareüberwachung, die das Testen des
Gesamtsystems betreffen, für den Einzeltest des jeweiligen Moduls
in zweifacher Weise verfahren wurde:

- Es wurde durch stichprobenartig ausgewählte Testläufe nachgewiesen (bzw. versucht, nachzuweisen), ob ein Modul die ihm
  zugeführten Daten (über Parameterlisten oder E/A-Operationen)
  richtig verarbeitet.

- Es wurde nachgewiesen, ob ein Modul alle von ihm zu erfüllen-
  den Aktionen korrekt durchführt. Diese, die Teststrategie betreffenden Methoden, werden im nächsten Teilabschnitt analysiert und dargestellt.

Die Technik der Programmentwicklung durch Strukturbäume ist der
von D.T.ROSS in 3/(ROSS77) beschriebenen Methode SA (Structured
Analysis: A Language for Communicating Ideas) sehr verwandt,

Zusammengesetzte Strukturen:

(1.1.)   <p> ::= <a><b><e>   Strukturbaum

(1.2.)   <b> ::= <b><k>|<b><s>|<k>|<s>   Block

(1.3.)   <S> ::= <S$_1$>|<S$_2$>   Schleife

(1.4.)   <S$_1$> ::= <Sa><Se>|<Sa><b><Se>   äußere Schleife

(1.5.)   <S$_2$> ::= <Sa><b><Se>|<Sa><Se>| innere Schleife
                        <Sa><b>|<Sa>

Knoten:

(2.1.)   <a> ::= <nk>A<n8><S10><Kurztitel>[<g>]   Anfangsknoten

(2.2.)   <e> ::= <nk>E<lb>   Endeknoten

(2.3.)   <K$_1$> ::= <nk>C<lb><S10><Kommentar>[<g>]   Aktionsknoten

(2.4.)   <K$_2$> ::= <nk>V<lb><S10><Kommentar>{<g>}$_1$ Verzweigungsknoten

(2.5.)   <i> ::= <nk>I<n8><S10><Kommentar>[<g>]   Include-Knoten

(2.6.)   <f> ::= <nk>F<lb><S10><Kommentar>[<g>]   Fehler-Knoten

(2.7.)   <Sa> ::= <nk>X<lb><S10><Sp><Kommentar>[<g>]   Schleifenanfang

(2.8.)   <Se> ::= <nk>Y<lb><S10><Kommentar>[<g>]   Schleifenende

(2.9.)   <k> ::= <K$_1$>|<K$_2$>|<f>|<i>   eigentlicher Knoten

Kanten:

(3.1.)   <g> ::= <nk>G<lb><S10><Kommentar>   explizite Kante

Strukturelemente von Knoten und Kanten:

(4.1)   <lb> ::= {<Buchstabe>|<Ziffer>}$_1^8$ Bezeichner eines Knotens

(4.2)   <n8> ::= <Buchstabe>[{<Buchstabe>|<Ziffer>}$_0^7$]   Name des Strukturbaumes oder Name
                                                                    eines Include-Knotens

(4.3)   <sp> ::= ({<ZZ>|U|<n6>}^{1})   Schleifenparameter

(4.4)   <Kurztitel> ::= <Kommentar>   Kurztitel des Strukturbaums

(4.5)   <Kommentar> ::= {<Zeichen>$_0^{63}${<nk>{<Zeichen>}$_0^{70}$}$_0^j$ beliebiger Text in natürlicher Sprach

(4.6)   <S10>::=   Vorrücken auf Spalte 10

(4.7)   <nk> ::=   neue Karte   } besondere Zeichen

Hilfselemente:

(5.1.)   <n6> ::= <Buchstabe>[{<Buchstabe>|<Ziffer>}$_0^5$]   6-stelliger Name

(5.2.)   <ZZ> ::= <pos>[<Ziffer>]   ganze Zahl zwischen 1 und 99

(5.3.)   <pos>::=   1|2|3|4|5|6|7|8|9

(5.4.)   <Ziffer> ::=   0|<pos>

(5.6.)   <Buchstabe> ::=   A|B|... |X|Y|Z

Abb. 7   Überblick über Syntax und Semantik von DFSB

welche von dem amerikanischen Softwarehaus Softech [1] unter der
Bezeichnung SADT (Structured Analysis and Design Technique) entwickelt worden ist. Jedoch durch die Beschränkung auf neun graphische Elemente (Metasymbole) in einem Strukturbaum der hier
erörterten Art und durch die strikte Restriktion, nur Aktionen
und keine Daten zu beschreiben, ist es möglich, eine halbauto-
matische Unterstützung der Derivationsmethode zur Komplettierung
eines entwickelten Programmrumpfes am Bildschirm zu erhalten.
Dieser Schritt ist in 3/(ROSS77) nicht vollzogen worden, wo über
40 Elemente als fundamentaler Kern der Kommunikationssprache SA
eingeführt werden. Ähnlich wie in vielen industriellen Betrieben
eine datentechnische Integration der einzelnen Planungsbereiche
(Absatz-, Produktions-, Ergebnis-, Personal-, Finanz-, Investi-
tionsplanung, etc.) noch nicht erreicht ist, eine derartige Integration jedoch gedanklich naheliegend ist, ist beim Prozeß der
Softwareerstellung (mittlerer und größerer Systeme) eine Integration zwischen den Produktionsphasen der Analyse, Codierung,
Test und Dokumentation ebensowenig erreicht, ja sogar der Soft-
wareproduktionsprozeß betriebswirtschaftlich bei weitem noch
nicht nach allgemein gültigen Prinzipien analysiert bzw. gemäß
eines gültigen Schemas dekomponierbar. Dies liegt daran, daß die
Überzahl der Erfahrungen bei der Entwicklung von Einzelprogram-
men bzw. kleineren Systemen gesammelt worden ist, wo alle Produktionsphasen in einer Hand oder in der Verantwortung eines
maximal drei Mann starken Teams liegen.

Zu (H5): Gemäß F.P. BROOKS (vgl. 3/(BROO75) ist das Erfassen,
Sichtbarmachen und Auswerten modulübergreifender und im Bezug
auf ein Gesamtsystem globaler und teilglobaler Informationen sowohl für das Testen, als auch für die Wartung eines Systems von
eminenter Wichtigkeit. Als Informationselemente, die neben den
Quellen der Moduln in Texthaltungsdateien geführt werden, gibt
es im MEBA-System:
- pro Modul einen Datensatz, der in Form eines "Materialscheines"
  erfaßt und aktualisiert wird. Der gesamte Datenbestand wird
  durch gesonderte PL/1-Programme gepflegt und ausgewertet.

[1] Sof Tech Inc. Waltham, MA02154

<table>
<tr><td>ÖKONOMETRISCHE METHODENBANK</td><td>3.6.1.2.
Dez. Klass.</td><td>0
Buch</td><td>Rev.</td><td>Seite</td></tr>
</table>

3.6.1.2. Die Variable IFEHL

Die Variable IFEHL ist eine ganze Zahl, welche die Werte 0 - 9 annehmen
kann. Sie stellt ein Fehlergewicht dar, welches jeder innerhalb des
MEBA-Systems vergebenen Fehlernummer zugeordnet ist. Diese Zuordnung erfolgt gemäß einer nachstehend aufgeführten Tabelle. Die Durchführung
dieser Zuordnung ist eine Entscheidung, die im Laufe der Programmierung
gefällt werden muß. Handelt es sich um einen "lokalen" Fehlertext
(Fehlernummer kleiner als 3100), so kann die Zuordnung innerhalb der
betreffenden Routine durchgeführt werden. Handelt es sich jedoch um
einen "globalen" Fehler-Text (Fehlernummer größer gleich 3100), so ist
die Vergabe des Fehlergewichtes mit all denjenigen Programmierern ab-
zustimmen, die die betreffende Fehlernummer verwenden. Da gemäß 3.6.1.1.
bei der Vergabe von globalen Fehlernummern thematisch eine gewisse Ein-
teilung vorgenommen worden ist, dürfen sich hier in der Praxis selten
Konfliktfälle einstellen. Für die Systemerweiterungen und Änderungen ist
in jedem Falle die nachstehend aufgeführte Liste verbindlich.

```
|                                         |           |      |       |
| OEKONOMETRISCHE METHODENBANK            | 3.6.1.2.  |      |       |
|                                         | DEZ.KLASS.| BUCH |       |
|-----------------------------------------|-----------|------|-------|
AUSWERTUNG VON IFEHLSRC                                STAND: 08.11.1977


        FNR  | RC  |IFEHL|   NAME   |
        -----|-----|-----|----------|
             |C0001   3  |XEMKDE

             ------------------------

             |0000|   3  |XERE

             ------------------------

             |0000|   3  |XECAT

             ------------------------

             |C0001   1  |XTVBON

             ------------------------

             |C0001   1  |XTONAM

             ------------------------

             |00001   8  |XZMCON

             ------------------------

             |0000|   3  |XEMVDE

             ------------------------

             |00001   1  |XTRES

             ------------------------

             |C0001   1  |XTBERE

             ------------------------

             |0000|   8  |XZAKT

        ------------------------------

        00100|00001   1  |XECUMP

        ------------------------------

        C0100|00001   1  |YAVSUC

        ------------------------------

        00100|00001   1  |YANENN

        ------------------------------

        00100|00001   1  |YASUCH

        ------------------------------

        00100|00001   1  |YATZSB

        ------------------------------
```

- pro Modul eine Übersicht über Fehlernummern und Fehlerge-
wichte. Es wurde normiert, daß jeder Modul, der nicht selbst
Fehlerausgaben vornimmt, die zwei Formalparameter IFEHL und
RC besitzt, von denen der eine ein Fehlergewicht und der
andere eine Fehlnummer bedeutet. In den FORTRAN-Programmen
werden die Zuweisungen an diese Größen stets durch die Teiltexte

        RC=   (Fehlernummer)
        IFEHL=   (Fehlergewicht)

vorgenommen, so daß mittels geeigneter Stringverarbeitungs-
programme (z.B. Texteditor oder BOGOLSTRING, vgl. 5/(ROSD76))
jederzeit aus den Quellhaltungsdateien ein neuer Satz von Zu-
ordnungen von IFEHL und RC pro Modul erfaßt werden kann. Durch
spezielle PL/1-Programme bzw. Berichtsgeneratoren können modulübergreifende Auswertungen dargestellt werden. Ein Beispiel
einer derartigen Liste ist in Abb. 8 enthalten.

Es sei an dieser Stelle ausdrücklich hervorgehoben, daß das
Führen modulübergreifender (und ggf. auch projektübergreifender)
Information als ein markanter Meilenstein in der Entwicklung
einer "Dokumentationsphilosophie" zu bezeichnen ist, der von der
Einzeldokumentation eines Programms wegführt und dabei neue Möglichkeiten der automatischen Dokumentation öffnet. Derartige
"Dictionaries", deren Verwendung, Einrichtung und Pflege einen
durchaus <u>rentablen Zusatzeinsatz</u> erfordert, helfen die gemeinhin
wenig verstandene Prozedur eines Managements von Softwareprojek-
ten zu strukturieren. Die Erfahrungen bei der Entwicklung des
Steuersystems MEBA bestätigen den enormen Wert dieser Vorgehensweise. Die Voraussetzungen für die Durchführung eines derartigen
softwaretechnologischen Schrittes sind

- konzeptioneller Natur,
- organisatorischer Natur und
- technischer Natur.

Dies bedeutet: Von der <u>Konzeption</u> her muß man bereit sein,
diesen Schritt zu tun und in der Praxis durchzusetzen - vor
allem gegen den Widerstand eines überalterten Effizienzden-
kens, das jeglichen Zusatzaufwand auf dem Sektor der Dokumentation ablehnt. <u>Organisatorisch</u> muß die Anwendung dieser Doku-
mentationsweise durch geeignete infrastrukturelle und ausbil-
dungsmäßige Maßnahmen begleitet sein. Dazu gehört in erster
Linie der Einsatz von Personal, das in den hierzu nötigen
Techniken geschult ist und das man als "Projektassistenten"
bezeichnen könnte. <u>Technisch</u> müssen Voraussetzungen in Form
von Software, wie Texteditoren, Tabellen- und Berichtgenera-
toren sowie eine Bibliothek spezieller Text- und Dateiverar-
beitungsroutinen (z.B. in PL/1), vorhanden sein. Ferner ist
hier der Einsatz von Terminals (Dialogsichtgeräten und Blatt-
schreiber) unbedingt erforderlich.

<u>Zu (H6)</u>: Schon zu Beginn der Entwicklung des Steuersystems MEBA
wurde seitens der Projektleitung ganz dezidiert der Standpunkt
vertreten, daß die Dokumentation des Gesamtsystems laufend aktualisiert und der eigentlichen Codierung möglichst etwas voraus-
eilen sollte. Der Typ der Dokumentation, um den es sich hier in
erster Linie handelt, ist die detaillierte Softwarebeschreibung,
die in knapper und möglichst einheitlicher Form jedes softwaremäßig relevante Konstruktionsdetail festhält. Sie wird parallel
zu allen Feinanalyse-, Programmierungs- und Testarbeiten aktualisiert. Während dieser Phasen unterliegt sie sehr starken
Änderungen. Mit diesem Phänomen muß man, sowohl organisatorisch,
als auch technisch fertig werden. Es tritt um so stärker auf,
je größer ein Team und je komplexer ein zu erstellendes Softwaresystem ist.

Das Phänomen <u>schnell veraltender Informationen</u> tritt in vielen
technischen Bereichen auf, im Bereich der Softwareentwicklung jedoch besonders heftig. In Abb. 9 ist ein Regelkreis dargestellt,
der das bei der MEBA-Entwicklung angewandte rollierende Dokumentationsverfahren wiederspiegelt. Die technische Grundlage hierzu
bildet die Verwendung eines Schreibautomaten.

Abb. 9 ist lediglich ein Vorschlag, das softwaretechnologische
Probleme der Organisation der Softwaredokumentation in den Griff
zu bekommen. Durch seine Anwendung soll verhindert werden, daß

- Dokumente inhaltlich divergieren und in den Schnittstellen
  nicht übereinstimmen,
- durch fehlende Dokumente der Willkür, wichtige Detailent-
  scheidungen ad hoc zu treffen, Tür und Tor geöffnet wird,
- Dokumente zu spät oder gar nicht erstellt werden, und
- große Reibungsverluste, die sich in unangenehmen terminlichen
  und finanziellen Konsequenzen niederschlagen, innerhalb eines
  Teams entstehen. ("Die meinen Programmen zugrundeliegenden Annahmen sind die richtigen. Dein Programm muß geändert werden.")

Dieses Verfahren, das für Teams von maximal drei Mann völlig irr-
relevant ist, bietet bei der industriemäßigen Produktion von Software die Möglichkeit, gewisse Arbeitsvorgänge arbeitsteilig aufzu-
gliedern. Es ist ein partieller Beitrag zu dem generellen Problem,
den Software-Produktionsprozeß im Sinne einer strukturierten Analyse von D.T. ROSS (vgl. (H1)) in managebare Einheiten zu dekompo-
nieren, denen sinnvolle Arbeitsplatzbeschreibungen, Tätigkeits-
und Ausbildungsmerkmale zugeordnet werden können.

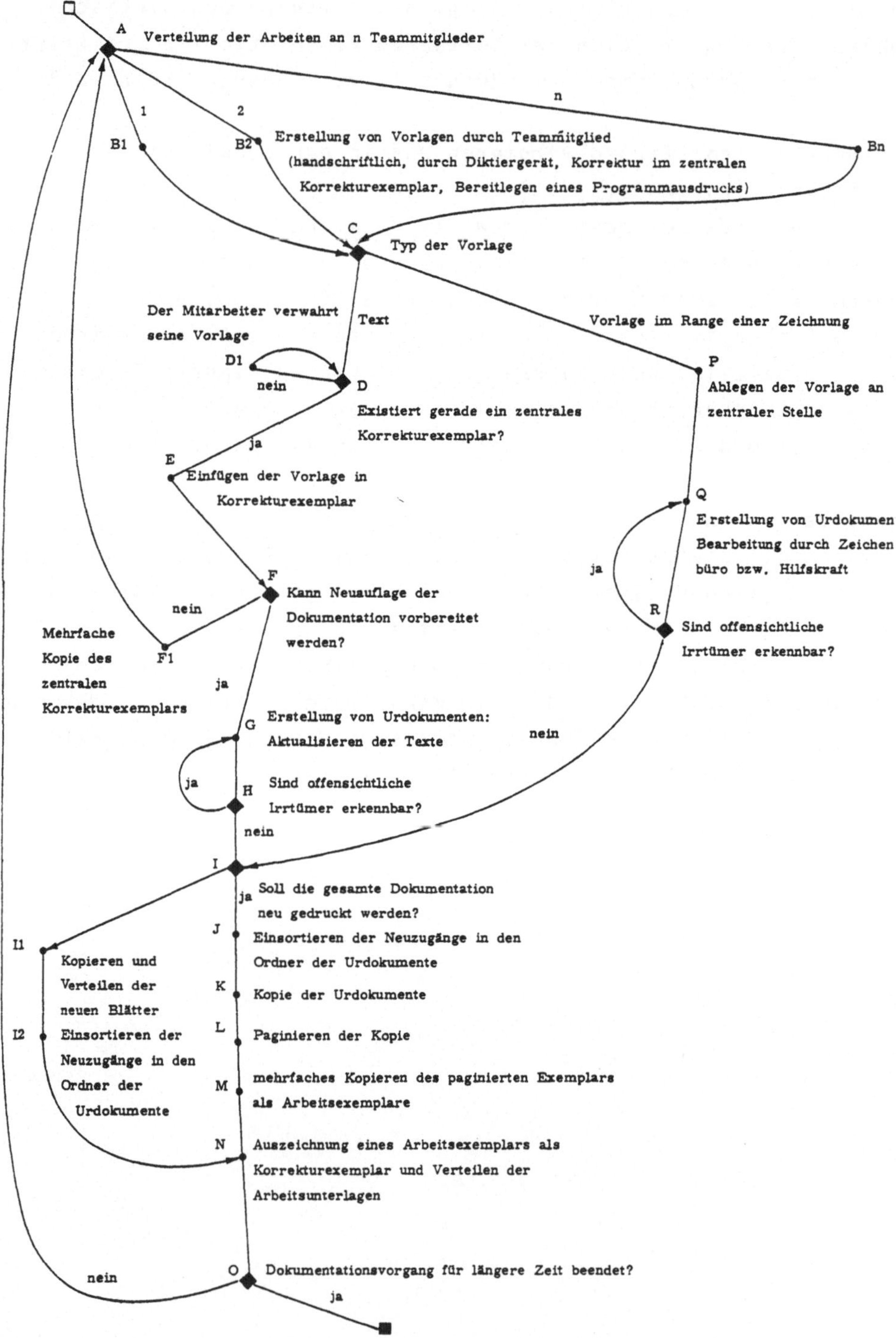

Abb. 9   Rollierendes Dokumentationsverfahren

... MAYBE IT'S BASICALLY LIKE THE CONCEPT OF A HOT STOVE,
ULTIMATELY YOU HAVE TO GET YOUR FINGERS BURNED TO FULLY
APPRECIATE THE THEORY.

> F. GRUENBERGER,
> PROGRAM TESTING: THE HISTORICAL
> PERSPECTIVE, IN: 3/(HETZ73),P12

c) Teststrategien

Bei der Entwicklung des Steuersystems MEBA sind folgende vier
Teststrategien befolgt worden:

(Y1) *Nachweis der Korrektheit des einzelnen Moduls durch Aus-*
     druck seiner Parameterwerte vor und nach seinem Aufruf
     (ein Modul ist hier stets eine FORTRAN-Subroutine oder
     ein Assembler-Unterprogramm nach FORTRAN-Konvention).
(Y2) *Überprüfung der korrekten und vollständigen Kontroll-*
     struktur des einzelnen Moduls.
(Y3) *Planung und Durchführung einer systematischen Menge*
     von Einzeltestvorhaben auf der Grundlage eines Test-
     planes.
(Y4) *Auswertung von Überwacherinformation auf der Basis eines*
     in die Software einkonstruierten Systems zur Selbstüber-
     wachung.

Bevor die Punkte (Y1) bis (Y4) näher erörtert werden, soll der
prinzipielle Stellenwert des Testens bei der Entwicklung von
Systemen wie MEBA diskutiert werden. Häufig wird ein Modul dadurch getestet, daß man es in ein gesondertes Testprogramm ein-
bettet (Einzeltest). Ein Gesamtsystem, das aus einzelgetesteten
Moduln zusammengesetzt ist, wird dann durch systematische Durch-
läufe mit realen oder fiktiven Daten in Zusammenhang getestet
(Integrationstest). Als extremen Gegenpol dazu kann man sich
einen mathematischen Beweis der Korrektheit von Software vorstellen.

Beide Ansätze haben eines gemeinsam: Sie setzen stillschweigend voraus, daß klar ist, was zu testen, bzw. zu beweisen ist. Die fehlerfreie und klare, d.h. von impliziten und versteckten Annahmen befreite, Spezifikation von Software ist jedoch ein zentrales Problem und darf nicht vernachlässigt werden. Der von E.W. DIJKSTRA (vgl. 3/(DIJK68)) vorgeschlagene Weg, aus den Spezifikationen eines Programms direkt seinen Quellcode abzuleiten, setzt voraus, daß eine Spezifikationssprache angewendet wird und daß ein Programm in seiner Darstellung in dieser Spezifikationssprache bereits getestet ist. Ein anderes Konzept ist der von W. WORLEY (vgl. 3/(WORL71)) vorgeschlagene Weg, beim Spezifizieren und Codieren von Programmen soviel Redundanzen einzubauen, daß automatische Prüfungen möglich sind. Er hat das Konzept einer _dualen Sprache_ eingeführt, um Programmspezifikationen und Testkriterien zu formulieren. Sein Vorschlag einer dualen Sprache bezieht sich auf Programme, die in einer gewissen Teilmenge der OS/360-Assemblersprache zu erstellen sind. Ein dazu verwandter Ansatz ist von J.KING (vgl. 3/(KING71)) bekannt, der vorschlägt, ein Programm zusammen mit Aussagen über die Beziehungen seiner Variablen untereinander so zu notieren, daß mittels eines geeigneten Compilers die Konsistenz zwischen den gemachten Aussagen und dem aktuellen Programm geprüft werden kann (Verifying Compiler).

_Zu (Y1)_: Um nicht für jede Subroutine ein separates Test-Hauptprogramm schreiben zu müssen, wurde ein genereller Testrahmen in Form des Programms YHTEST geschrieben. Die Grundidee beruht auf der _Annahme_, daß eine Subroutine schon sehr weitgehend dadurch getestet werden kann, daß sie mehrmals aufgerufen wird, wobei sie mit alternativen Parameterwerten versorgt wird, und daß man nach ihrer Ausführung die Werte der Ausgabeparameter sichtbar macht. Abb. 10 enthält einen Überblick über die möglichen Steuereingaben des Programms YHTEST. Der Aufbau des Programms YHTEST ist ein orthogonaler Entwurf (vgl. 6/(MCGE69), p.106), der darin besteht, daß aus einer Basis von Grundfunktionen (orthogonale Menge in Analogie zur linearen Algebra) jede gewünschte Funktion, die das Programm YHTEST ausführen soll, zusammengesetzt werden kann. Die in Abb. 10 dargestellten Steuer-

eingaben repräsentieren die Basis der Funktionen, deren kombi-
nierte Anwendung die möglichen Anwendungen des Programms YHTEST
ausmachen.

Die Tragfähigkeit der durch YHTEST angestrebten Teststrategie
beruht auf der Annahme, daß ein Unterprogramm weitgehend dadurch
ausgetestet werden kann, daß man seine Parameterwerte vor und
nach aktuellen Aufrufen sichtbar macht und prüft. Die Anwendung
dieser Methode ist daher in folgenden Fällen weniger sinnvoll:

- bei selbständig auszuführenden Hauptprogrammen,
- bei Unterprogrammen, die wenig oder keine Daten mit ihrer
  Programmumgebung über Parameterlisten austauschen,
- bei Unterprogrammen, die eine große Menge von Datenzugriffen
  auf Dateien durchführen, wie z.B. sequentielles Verarbeiten
  ganzer oder großer Teile von Dateien, und Ergebnisse auf Dateien hinterlegen,
- bei Unterprogrammen, bei denen die Korrektheit der über
  Parameter ausgegebenen Ergebnisse nicht direkt überprüft
  werden kann, wie z.B. bei numerischen Ergebnissen, die auf
  sehr komplexen Algorithmen beruhen.

Ferner liefert diese Teststrategie wenig Hinweise darauf, ob
die Kontrollstruktur eines Moduls korrekt aufgebaut ist. Dies
war der Anlaß, weitere Teststrategien ((Y2) und (Y4)) bei der
Entwicklung des Steuersystems MEBA in Betracht zu ziehen.

Zu (Y2): Die Überprüfbarkeit der Kontrollstruktur eines Moduls
ist ganz entscheidend eine Frage des Programmierstils und des
Softwareentwurfs (Design for Testability). Die Überschaubarkeit
einer einmal gefundenen Modulstruktur erleichtert das Testen
und die Wartungsvorgänge bei der Berücksichtigung von Neuan-
forderungen an die Software des Systems aufgrund sich weiter-
entwickelnder Benutzungsvorstellungen. Durch die Verwendung der
Stukturbäume als Entwurfs- und Beschreibungshilfsmittel wurde
im MEBA-System dieser Notwendigkeit Rechnung getragen.

1. Kommandos

1.1. Kommandos: - Allgemeines:

<Kommando> ::=
(-<knr> $\lfloor$<kspez>$\rfloor_0^1$)

allgemeine Form eines Kommandos von YHTEST

<knr> ::= 1|2|....... |16| 17

Kommandonummer (Identifikation eines Kommandos)

<kspz> ::=<liste>|<spez><liste>

<liste> ::= $\lfloor$,<pnr>$\rfloor_1^n$

Liste von Parameternr.

<spez> ::= <spez>|M<modus>|
G<lgnr>| S<snr>

E/A-Spezifikationen für
die Parameter in <liste>
(siehe unten)

<pnr> ::= 1|2|3 ...

Nummer eines Parameters
eines zu testenden Unterprogramms

<lgnr> ::= <pnr>

logische Gerätenummer zur
E/A von Parametern

<snr> ::= <pnr>

Satznummer in einer Datei
(z.B. TR440:RAM), ab der
E/A erfolgen soll

<modus> ::= 1/2/3/4

Modus für E/A (s. unten)

1.2. Die einzelnen Kommandos:

(-1, <n>,<m>)
<name>

Definition eines Unterprogrammaufrufes: Das Unterp.
<name> wird als n-tes mit
m Parametern definiert.

(-2, <n>)

Aufruf des n-ten Unterprog.

(-3)

Beenden von YHTEST

(-4, <liste>)

Die Werte aller Parameter
mit Ausnahme der in
<liste> enthaltenen werden
eingegeben.

Abb. 10   Überblick über die Steuereingaben von YHTEST ⇒

(-5, <spez><liste>)   Die Werte aller Param. in
                          <liste> werden mit den E/A-
                          Spez. <spez> eingegeben.
(-9)   Sichern aller Parameter im
                          Modul 4 (siehe unten)

(-10)   Lesen aller Param. in Modul
                          4. Die Info. muß durch (-9)
                          geschrieben worden sein.

2. Deklarationen

2.1. Nicht parameterspezifische Deklarationen:

<decl> ::= (-<knr>[<format>]<n>) globale Einstellungen
<txt>

(-11 <format> <n>)   Einstellen von Formaten

<format> ::= I|R|A   I Integer, R Real,
                          A Zeichen

<n> ::= 1|2   1 Eingabe, 2 Ausgabe

<text> ::= <n1<[.<n2>]   Formatangabe (wie in
                          FORTRAN üblich)

(-12, <n3>)   Einstellen eines Proto-
                          kollmodus

(n3> ::= 0|1|2   0 keine Protokollierung
                          1 Protokollierung
                            der Eingabedaten
                          2 zusätzl. Protokollie-
                            rierung der Steuerdaten
(-17), <nr>)   Makrodefinition: <text>
                          wird mit Nummer nr abge-
  <text>   kürzt.

2.2. Parameterdeklarationen:

<pardecl> ::= <f1> <pnr>   Deklaration des Parameter
<feldliste> <f2>   (= Parameterbeschreibung)
                          mit der Nr. <pnr> durch
                          <feldliste> mit gleichzei-

Abb. 10 (Forts. 1) ➡

tiger Angabe von Funktions-
zuständen <f1> u. <f2>

<feldliste> ::= <typ> <länge>   Feldliste
|<spezi>|$_0^n$

<typ> ::= I|R|A|U|V|P   Typ des Parameters (s.u.)

<länge> ::= <pnr>   Länge des Parameters

<spezi> ::= C|L|X|<spez>   Spezifikation (s.u.)

<f1> ::= (|[(Parameter deklarieren
                                         [Angabe, daß man dekla-
                                         rierten Parameter später
                                         ändern möchte
<f2> ::=)|]   ) Parameter deklarieren
                                         ] " " und sofort lesen

3. <u>Einfache E/A:</u>

<Z1> <pnr> <Z2>   Eingabe von Parametern
<Z1> ::= [<Z2> ::=]   <pnr>
<Y1> <pnr> <Y2>   Ausgabe von Parametern
<Y1> ::= < <Y2> ::= >   <pnr>

4. <u>Verbale Erläuterung der Modi:</u>

4.1. <u>Eingabemodi</u>

<modus> = 1   Die Parameter werden entsprechend ihren Dekla-
              rationen zeichenweise¢gelesen. Enthält <feld-
              liste>¢im Element <spez> eine Umstellung von
              logischen Gerätenummern, so wird dies ent-
              sprechend beachtet.

<modus> = 2   Wie <modus> = 1, jedoch werden Einstellungen
              von logischen Gerätenummern und Feldbeschrei-
              bungen nicht beachtet.

<modus> = 3   Der Parameter wird binär in einem Satz einer
              Datei gelesen.

<modus> = 4   Für jeden Parameter werden zwei Sätze gelesen,
              eine Parameterbeschreibung und ein Parameter-
              inhalt.

Abb. 10 (Forts. 2) ➔

4.2. <u>Ausgabemodi</u>

<modus> = 1   Ausgabe der Parameter in der eingestellten
Ausgabeform (vgl. Kommando -11).

<modus> = 2   identisch mit <modus> = 1

<modus> = 3   Der Param. wird in einem Satz binär ausgegeben.

<modus> = 4   Für jeden Parameter werden zwei Sätze geschrieben, eine Parameterbeschreibung und ein Parameterinhalt.

5. <u>Verbale Erläuterung der Typen und Spezifikationen</u>:

5.1. <u>Typen</u>

I	Integer		U	binär
R	Real	gemäß FORTRAN	V	Leerfeld
A	Hollerith (4 Zeichen pro Wort)		P	Leerfeld bis zur Position <länge> ausschließlich

5.2. <u>Spezifikationen</u>

C   Die Werte eines Feldes (Arrays) sind alle gleich.
Gelesen wird nur ein Wort

L   Die Werte des Feldes bestehen aus einer linearen Folge.
Gelesen werden Anfangswert und Schrittweite.

X   Das Feld wird nur bei der Ausgabe berücksichtigt. Bei der
Eingabe entspricht es einem Leerfeld.

G   Es wird auf die logische Gerätenr. <lgnr> umgeschaltet.

S   Es wird auf Satznummer <snr> positioniert.

M   Es wird der Modus <modus> eingestellt.

Abb. 10 (Forts. 3)

Durch eine <u>Standardisierung</u> der Variablenbezeichnungen und durch
die normierte Verwendung gewisser Variablen läßt sich eine <u>Homo-</u>
<u>genisierung des Quellcodes</u> erreichen, die sich günstig auf die
Testbarkeit der Software auswirkt. Das Auftreten eines Fehlers
an einer Stelle gibt möglicherweise sofort Hinweise auf weitere
Fehlerstellen in anderen Moduln. Die Maxime, die hinter dieser
Vorgehensweise steckt, lautet:

*Durch Homogenisierung der Quelltexte bei ihrer Erstellung
homogenisieren sich mögliche Fehler, wodurch ein rascher
Fortschritt beim Testen erzielt werden kann.*

Dieser Gedanke liegt der <u>Derivationsmethode</u> zugrunde. Sie bedeutet, daß unterstützt durch einen interaktiv zu verwendenden
Texteditor, aus einem existierenden Quelltext ein neuer Modul
abgeleitet werden kann. Dabei kann der Ausgangstext ein bereits
vorhandenes und vollständiges Programm sein, von dem es gilt,
ein neues Programm ähnlichen Aufbaus abzuleiten. Es kann sich
aber auch um einen (z.B. von der Projektleitung) vorgegebenen
Teiltext (Gerippe eines Quellcodes) handeln, aus dem eine gewisse konstruktionsmäßig zusammengehörige Klasse von Moduln deri-
viert werden kann. Über den <u>Homogenisierungs- und Normierungs-</u>
<u>effekt</u> hinaus bietet die Derivationsmethode auch ein wichtiges
<u>Führungsinstrument</u> zur Durchsetzung von detailmäßigen und pro-
blembezogenen Normierungen, also zur "Entpersönlichung" von
Quelltexten (egoless programming), ein anerkannt schwieriges
Führungsproblem im Software-Erstellungsprozeß. Diese Methode
bietet aber fernerhin einen Ansatz zur <u>Rationalisierung und</u>
<u>Strukturierung des Software-Erstellungsprozesses.</u> Der Entwurf
und die Erstellung relevanter Teiltexte kann von qualifizierten
Kräften zentral durchgeführt werden. Das Ableiten von neuen
Moduln aus vorhandenen Texten gemäß vorgelegter Programmiervorgaben ist eine Tätigkeit, die nicht so hohe Qualifikationen erfordert und kann, wenn richtig organisiert, von mathematisch-
technischen Assistenten übernommen werden.

<u>Zu (Y4):</u> Die <u>Überwachung von Software</u> (Software Monitoring) dient
dem Testen, Warten und Beurteilen von Software. Von den verschie-

denen Methoden des Software-Moitoring (vgl. 3/(LYON75) und
3/(POME72) als Übersichtsartikel über den Problemkreis der
Software-Meßinstrumente) wurde das Erfassen von Softwareproben an ausgezeichneten Aktionsknoten eines Programms zu einem
simplen, aber wirkungsvollen System ausgebaut und in die Software des Steuersystems "eingefädelt". Gemäß D. FERRARI und
M. LIU (vgl. 3/(FERR75)) ist eine <u>Softwareprobe</u> eine Instruk-
tion, die in ein Programm eingefügt wird, um eine Meßaufgabe
(d.h. Ausgabe von Daten) vorzunehmen, wenn der Kontrollfluß
des Programms diese erreicht. Das Einführen von Softwareproben bezeichnet man als <u>Instrumentierung</u> eines Programms (vgl.
3/(FERR75) und 5/(KNUT71)). In der Terminologie der Strukturbäume bedeutet dies, daß an geeigneten Stellen (Knoten) eines
Programms Spezialknoten als Softwareproben eingeführt werden.
Im MEBA-System gibt es folgende Spezialknoten als Softwareproben:

- Meßknoten (zur Messung von Verweil- und CPU-Zeiten),
- Rückverfolgerknoten (zur Verfolgung der Aufrufsequenz der
  einzelnen Unterprogramme),
- Testknoten (zur testweisen Ausgabe von Zwischendaten),
- Fehlerknoten (zur Behandlung von Fehlern und Ausgabe von
  Fehlernachrichten).

d) Komplexitätsbetrachtungen ("Software-Physik").

Die <u>statische Aufbauanalyse</u> von Programmen ist ein wichtiges
Hilfsmittel, die Komplexität eines Softwaresystems zu analysieren. Als historisch wegweisender Artikel ist hierzu eine
Untersuchung von D.E. KNUTH in 5/(KNUT71) zu nennen. Auf eine
methodisch systematische Grundlage wurden die Fragen der <u>sta-
tischen</u> Programmaufbauanalyse von M.H. HALSTEAD gestellt, vgl.
3/(HALS77). In 3/(HALS77) werden z.B. Programme in einer höheren
Programmiersprache dadurch analysiert, daß man sich vorstellt,
daß ein Programm aus Operatoren und Operanden besteht, und das
Auftreten dieser einzelnen Objekte numerisch erfaßt. Dabei sind
die Operanden die Daten oder Variablen in einem Programm. Im
Prinzip ist diese Betrachtungsweise der in der vorliegenden Ar-

beit angewandten Methode ähnlich. Anstelle von FORTRAN-Sprach-
elementen werden jedoch Komplexe als Operatoren betrachtet. Dadurch wird eine Vereinfachung der Analyse erreicht, insbesondere
was den numerischen und darstellungsmäßigen Aufwand betrifft.

Der Ausdruck "Software-Physik" ist in diesem Zusammenhang dadurch gerechtfertigt, daß man hier - ähnlich wie in der Physik -
auf empirischem Wege über die Durchführung von Messungen zu Gesetzmäßigkeiten zu gelangen trachtet, die etwa in Form von Formeln für die Praxis wertvoll sind. Die im folgenden angestrebten
Analysen sind hierin einzuordnen. (Analogismen zur Physik scheinen die Untersuchung software-technologischer Grundlagenprobleme
zu befruchten, (vgl. z.B. 3/(HALS77)).

Die im folgenden durchgeführte Komplexitätsuntersuchung beruht
auf zwei Festsetzungen:

(W1)   Festsetzung von Atomen,
(W2)   Aufsuchen einer geeigneten Parameterisierung
eines Komplexes. Ein Komplex ist in diesem
Zusammenhang eine aus Atomen (als aufgerufene
Unterprogramme) und "verbindendem" Programm-
code aufgebauter Softwareteil eines Systems.

Zu (W1): Es werden einige Routinen als Atome ausgezeichnet.
Diese sind dadurch definiert, daß ihre Ausführung im allgemeinen
einen relativ hohen und pro Aufruf relativ konstanten Rechenzeitverbrauch aufweist. Es ist daher möglich, eine mittlere CPU-
Zeit für einen derarigen Komplex (auch atomarer Komplex genannt)
anzugeben. Es wird im folgenden zwischen atomaren und nicht atomaren Komplexen unterschieden.

Zu (W2): Sei R ein nicht atomarer Komplex. Dann wird nach ganz-
zahligen nichtnegativen Parametern

$$n_1, \ldots n_a; \quad m_1, \ldots m_b$$

und logischen Schaltern (mit den Werten O und 1)

$$s_1, \ldots s_b; \ t_1, \ldots t_c$$

gesucht, wobei a, b und c nicht negative ganze Zahlen sind, so daß die Rechenzeit des Komplexes R folgendermaßen dargestellt werden kann:

$$R(n_1, \ldots n_a; \ m_1, \ldots mb; \ s_1, \ldots s_b; \ t_1, \ldots t_c) =$$

$$\sum_{i=1}^{a} n_i \ (A_i - d_i) + \sum_{j=1}^{b} s_j m_j \ (B_j - e_j) +$$

$$\sum_{k=1}^{c} t_k \ (p_k \ C_k - f_k) + \sum_{h=1}^{r} q_h \ D_h + z$$

Dabei sind A_i (i=1, .. a), B_j (j=1, .. b), C_k (k=1, .. c) und D_h (h=1, .. r) die CPU-Zeiten atomarer Komplexe. r ist eine nicht negative ganze Zahl. Ebenso sind p_k (k=1, .. c) und q_h (h=1, ..r) nicht negative ganze Zahlen. Die Größen d_i (i=1, .. a), e_j (j=1, .. b), f_k (k=1, ... c) und z sind "Restrechenzeiten", die sich durch eine "verbindende" FORTRAN-Codierung zwischen den Aufrufen der einzelnen atomaren Komplexe ergeben.

Zur Erläuterung des "software-physikalischen" Rechenansatzes kann man sich vorstellen, daß die Rechenzeit eines Komplexes aus fünf Teilen zusammengesetzt werden kann:

- Der Komplex A_i wird n_i-mal aufgerufen, wobei n_i beim Aufruf des Komplexes R einen gültigen Wert hat. (Ein aktueller Wert für n_i entsteht dabei aus der Umgebung von R, bevor R gestartet wird). Im Zusammenhang mit einem Aufruf von A_i ist eine Codierung erforderlich (vor- und nachbereitend), die den Rechenzeitaufwand d_i induziert.

- Der Komplex B_j wird m_j-mal aufgerufen, aber nur dann, wenn der Schalter s_j entsprechend gesetzt ist. (Aktuelle Werte für s_j und m_j entsteht aus der Umgebung von R). Die Restrechenzeit e_j ist in Analogie zu d_i zu verstehen.

- Der Komplex C_k wird genau p_k-mal aufgerufen, falls der Schalter t_k entsprechend gesetzt ist. Bei p_k Aufrufen von C_k entsteht ein zusätzlicher Rechenzeitaufwand f_k.

- Der Komplex D_h wird bei jedem Aufruf von R genau q_h-mal aufgerufen, völlig unabhängig von der Umgebung von R.

- Ebenfalls von der Umgebung von R unberührt ist eine gewisse "Grundlast" an Codierung in R zu berücksichtigen (z.B. Initialisierungen, standardmäßige Berechnungen), der eine Restrechenzeit vom Betrag z zuzuordnen ist.

Eine etwas komplizierte Situation tritt ein, wenn anstelle der Rechenzeiten A_i, B_j, C_k und D_h für atomare Komplexe Rechenzeiten von nicht automaren Komplexen treten. In diesem Fall müssen die Parameter dieser Komplexe in den Parametern des Komplexes R enthalten sein.

Über die Kenntnis der Größen A_i, B_j, C_k, d_i, e_j, f_k und z gelangt man also leicht zur Rechenzeit des Komplexes R in Abhängigkeit von seiner Umgebung. Man könnte sogar die Größe

$$R(n_1, \ldots n_a; m_1, \ldots m_b; s_1, \ldots s_b; t_1, \ldots t_c)$$

als FORTRAN-FUNCTION in ein Subsystem einer Methodenbank aufnehmen, welche dazu verwendet werden kann, für "hinreichend interessante" Komplexe des Systems im Rahmen eines <u>Informations-Subsystems</u> entsprechende Ausgaben (tabellarischer oder grafischer Art) vorzunehmen.

In Teil II, 3d) wird ein Meßverfahren beschrieben, wie man zu den notwendigen Ausgangsdaten gelangen kann.

Das Auffinden einer geeigneten Parameterisierung und das Auf-
stellen von Formelausdrücken der genannten Art wird durch Anwendung der (datenfreien) Strukturbäume wesentlich erleichtert.

e) Teamorganisation

Um den folgenden Beitrag zu begründen, muß erwähnt werden, daß
die Parallelentwicklung des Steuersystems MEBA für die Betriebssysteme SIEMENS BS2000 und TR440/BS3 expliziter Auftragsgegen-
stand war. Diese Rechnertypen mit sehr unterschiedlicher Struktur vor allem in den Systemdiensten (Wort- und Bytemaschine) und
der Dateibehandlung sollten in den Phasen der Feinplanung, der
Codierung und des Testens stets reale Anlässe liefern, Schwierigkeiten bei den Fragen der Übertragbarkeit so bald als möglich
aufzudecken, so daß bei der Übertragung des Systems MEBA auf
weitere Betriebssysteme/Rechnertypen mit einer Reduktion der zu
erwartenden Portabilitätshürden zu rechnen ist. Daraus ergaben
sich gewisse Anforderungen an die Projektführung, die im folgenden erörtert werden:

*(Z1) Organisation der Quellhaltungsdateien und
      Parallelentwicklung portabler Software,*
(Z2) Teamorganisation.

<u>Zu (Z1)</u>: Die Software des Steuersystems MEBA ist in Quellhaltungs-
dateien organisiert, die mittels spezieller Texthaltungssoftware
verwaltet werden. Es muß dabei der Zugang zu den Quellhaltungs-
Dateien des zu entwickelnden Systems geregelt werden. Die einzelnen Moduln werden erst nach einer zentral durchgeführten Prüfung (Validation) in diese Dateien eingefügt; das Erstellen,
Austesten und Ändern erfolgt auf getrennten Dateien, die jedem
Teammitglied "privat" zur Verfügung stehen. Erst bei fortge-
schrittenem Entwicklungsstand gegen Ende der Phase des Integra-
tionstestes werden die Quellen in den "privaten" Dateien ge-
löscht und nur noch die in den zentralen Dateien enthaltenen
Texte aktualisiert.

Es sei vermerkt, daß das Problem der Quellhaltung für Multi-Maschine-Software u.a. auch von D.B. TAYLOR, B. FORD und S.J. HAGUE erörtert wird, die über die im Projekt NAG verwendeten Maßnahmen in 5/(TAYL74) berichten. Dabei steht dort im Vordergrund, daß bei der Entwicklung portabler Software in einer höheren Programmiersprache die "dialektmäßige" Varianten einer oder mehrerer Anweisungen für alle in Frage kommenden Betriebssysteme (genauer: Compiler dieser Programmiersprache) in den Quelltext mit besonderen Kennzeichnungen aufgenommen werden, und daß durch ein besonderes Auswahlprogramm ein gültiger Quelltext für ein gewünschtes Betriebssystem erzeugt wird, eine als Master-File-Prinzip bezeichnete Technik. Gewisse Portabilitätsprobleme lassen sich nur so programmgestützt lösen, wie z.B. die abweichenden Namen der mathematischen Standardfuktionen in FORTRAN. (Als Beispiel sei, wie weiter oben erwähnt, der Arcussinus genannt.)

Zu (Z2): Die Organisation des Entwicklungsteams des Steuersystems MEBA erfolgte in Anlehnung an das von F.T. BAKER eingeführte "Chief-Programmer's-Prinzip" (vgl. 3/(BAKE72)). Eine wichtige Rolle spielt dabei eine Projektassistentin. Ihre Aufgabe liegt in der Pflege, Aufbereitung und Verteilung modulübergreifender Information, sowie in der Unterstützung der Fortführung der Dokumentation. Ihr obliegt das Erfassen und Auswerten folgender Daten:

- Pro Routine wird von jedem Programmierer ein "Materialschein" erstellt, in dem vorgefertigte Codierblätter nach gegebenen Richtlinien ausgefüllt werden. Diese bilden auch die Grundlage für die Organisation einer Methodenbank.
- Pro Routine wird die Vergabe von Fehlernummern und Fehlergewichten erfaßt.
- Es wird ein alphabetisches Stichwortverzeichnis, das vor allem die Namen der Routinen und Datenelemente, sowie alle systemeigenen Begriffe enthält, angefertigt.
- Wöchentlich wird ein Verzeichnis der bei der Entwicklung benötigten Quellhaltungsdateien und Programmbibliotheken erstellt.

- Monatlich bzw. quartalsweise werden Übersichten über den Verbrauch an Arbeitsstunden und Rechenzeit angefertigt.

Die dazu notwendigen Programme (meist in PL/1), sowie die Zusammenstellung von Steuerkarten (bei Anwendung eines Berichtsgene-
rators) werden unter Anleitung des Projektleiters von der Projektassistentin erstellt und ausgetestet. Da gerade diese Vorgehensweise für ein Software-Haus die Möglichkeit projektübergreifender Rationalisierungsmaßnahmen beinhaltet, wird im folgenden Teilabschnitt ein Grundschema zur Software-Produktion
dargestellt.

Die eigentlichen Entwicklungsarbeiten im Projekt wurden in möglichst disjunkte Teilaufgaben aufgeteilt und diese gemäß ihrer
Qualifikation an die Teammitglieder verteilt. Die integrierenden
Projektarbeiten fallen dabei häufig den umsichtigeren Teammit-
gliedern zu, wobei stets die Gefahr droht, daß ein Teil der Mitarbeiter überlastet und ein anderer Teil zu wenig ausgelastet
ist. Der notwendige Ausgleich fällt dabei dem Projektleiter zu.
Diesem wird damit aber oft ein überdimensionaler Argumentations-
aufwand aufgebürdet, da für die Beurteilung negativer Leistungen
keine allgemein anerkannten Normungen bestehen. Dieser Aufwand
wird jedoch umso stärker reduziert, je mehr es einem Mitarbeiter
möglich ist, sich an einem bestehenden Richtlinien- und Dokume-
ntationssystem zu orientieren.

Ein gewisser Schritt in diese Richtung ist bei der Entwicklung
des Steuersystems MEBA vollzogen worden. Eine Zusammensetzung
der daraus gewonnenen Erkenntnisse wird im folgenden Teilabschnitt vorgenommen.

f) Schema zur Software-Produktion

Die folgenden Ausführungen befassen sich mit dem Produzieren von
Software in Software-Häusern. Sie sind aus Sicht eines Projektleiters niedergeschrieben und beinhalten daher nur die Fragen
der Erzeugung von Software von der Auftragserteilung bis zur
Übergabe der Software an den Auftraggeber.

Die Arbeit in einem Software-Haus ist häufig in <u>Projekten</u> organisiert. Ein Projekt wird von einem Projektleiter geführt, dem je nach Vorhaben eine mehr oder minder große Mannschaft zugeordnet ist. Oft wird den Mitarbeitern eines Teams der Vorwurf gemacht, sie würden "das Rad zum zweiten Male erfinden". Aber eine Instanz zur Sicherung und des Transfers von Know How, sei es in Form von Vorgehensweisen und Praktiken, oder sei es in Form von Programmen, die wieder zu verwenden sind, gibt es oft nicht.

Ohne eine derartige Instanz ist es jedoch unmöglich diese Aufgaben sinnvoll wahrzunehmen. Man kann getrost behaupten, daß die Übernahme und der Einsatz von existierenden Softwaretechnologien nicht ein schlichtes Annehmen ist, sondern erfordert ein dezidiertes Engagement, das nicht nur fachliche und qualifikationsmäßige Hürden beim einzelnen Mitarbeiter, sondern sehr oft psychologische und mentalitätsbedingte Barrieren überwinden muß. Ganz zu schweigen von der Entwicklung neuer Technologien!

Begreift man ein Software-Haus als eine Produktionsstätte von Software, so ist es durchaus naheliegend, in Analogie zu betriebseigenen Entwicklungslaboratorien und Forschungseinrichtungen anderer Industriezweige ein <u>Methodologie-Labor</u> einzuführen. Die Aufgabe einer derartigen Einrichtung wäre die Aufbereitung eines methodologischen Rüstzeuges, das Grundlage eines hausinternen Back-up bei den Arbeiten in den Projekten und Basis für kostensenkende projektübergreifende Rationalisierungsmaßnahmen sein kann. Darunter wird die Entwicklung, Bereitstellung und hausinterne organisatorische Implementierung (z.B. durch Schulungsmaßnahmen und Richtlinien) von technisch einfachen (wie z.B. Programme zur Aufbereitung von Dokumenten) bis hin zu technisch anspruchsvollen (z.B. Bootstrapping-Verfahren) Hilfsmitteln verstanden, welche die Aufgaben der Projektadministration und Programmerstellung halbautomatisch unterstützen sollen. Da eine entsprechende Rückenstärkung aus dem Hause oft fehlt, greift ein Projektleiter, in der Regel mit seinem Erfolgszwang fast völlig allein gelassen, zu ad-hoc-Maßnahmen und entwickelt projektintern eine Reihe von Hilfsmitteln in Form von Programmen, Richtlinien und Formblättern. Diese - unter Druck und nur mit Zielrichtung auf das angesteuerte Projektergebnis entwickelt - versagen oft ihren Dienst beim direkten Einsatz im Nachbarprojekt, das obendrein seinerseits ähnliche Anstrengungen verfolgt. Es ist nicht von der Hand zu weisen, daß hier eine Ursache von Unwirtschaftlichkeiten vorliegt.

Die organisatorische Klammer zwischen den Projekten "an der Front" und den Unterstützungsdiensten im Hause stellt die Institution einer <u>technischen Kontrolle</u> dar, die mit Richtlinienkompetenz ausgestattet die vom Methodologie-Labor erarbeiteten Ergebnisse in den Projekten zur Wirkung bringt, bzw. die Arbeiten des Labors kontrolliert und darüber wacht, daß dieses nicht zum Selbstzweck degeneriert.

Neben den Diensten eines <u>Rechenzentrums</u> stehen in der Regel eine Reihe von <u>technischen Hilfsdiensten</u>, zu denen Locherei, Druckerei, Schreib- und Zeichenbüro gehören, zur Unterstützung der Projektarbeit zur Verfügung. Darüberhinaus wird hier die Einrichtun eines <u>zentralen Codierdienstes</u> vorgeschlagen: Nach Auftragserteilung durch den Projektleiter eines Teams werden Einzelroutinen gemäß genauer Spezifikationen erzeugt und mit standardisierten Test-Hilfsmitteln "in erster Näherung" getestet, bevor sie einem Integrationstest übergeben werden, der ganz in der Verantwortung des auftragerteilenden Teams liegt. Durch Verwendung vorgefertigter Teiltexte und Programmrümpfe und durch Anwendung einer einheitlichen Codiertechnik, die vom Methodologie-Labor laufend überwacht und fortentwickelt wird, wird eine einheitliche und transparente Software erreicht (egoless Programming). Voraussetzung einer solchen Einrichtung ist die Verwendung einer einheitlichen Programmiersprache und der Einsatz von Terminals.

Es ist für die Steuerung eines Projektes sehr wichtig, projektglobale Information auszuwerten, zu verdichten und zu beurteilen (vgl (H5)). Die technischen Voraussetzungen hierzu sind Programme, die jedoch für alle Projekte genutzt werden können.

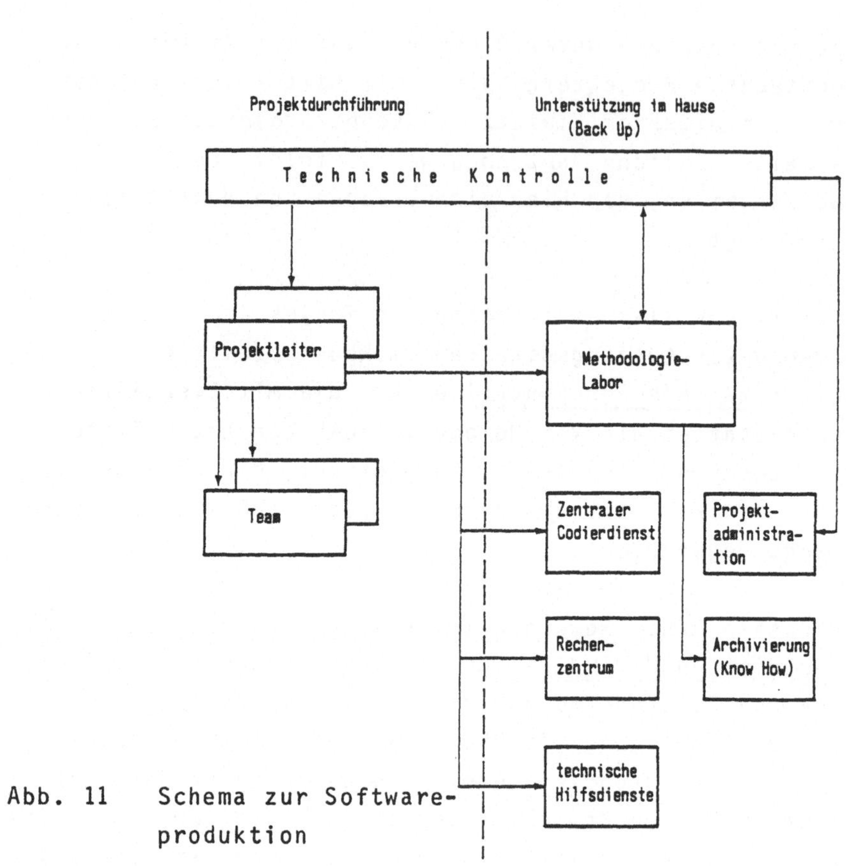

Abb. 11   Schema zur Software-
           produktion

Sammelt man daher alle einschlägigen Informationen an einer zentralen Stelle, etwa einer Institution zur <u>Projektadministration</u>,
so bietet sich die Möglichkeit, ein hausinternes projektübergrei-
fendes Informationssystem aufzubauen. Gemeint sind hierbei nicht
nur Daten, die der kostenmäßigen Verfolgung eines Projektes dienen
sondern vor allem Daten, die die zu entwickelnde Software selbst
betreffen (wie z.B. Verwendung von Fehlernummern und Fehlergewichten) und für die einzelnen Projekte stets aktuell in Form von
regelmäßigen Informationsdiensten zur Vefügung stehen.

Abb. 11 enthält eine bildliche Darstellung der eben beschriebenen
am Software-Erstellungsprozeß beteiligten organisatorischen Einheiten. Am Rande zu erwähnen ist hier nur noch die <u>Archivierung</u>
von Projektergebnissen in Form von Programmen und Dokumenten auf
Dateien, gedruckt oder auf Mikrofilm.

3.   Beurteilungskriterien

a) Beurteilung eines Methodenbanksystems

Was bringt der Einsatz eines Methodenbanksystems? Welche Kriterien können zur Entscheidung herangezogen werden, ein Methodenbanksystem einzusetzen?

Diese Fragen haben eine zweifache Zielrichtung, nämlich nach

- dem zu erwartenden wirtschaftlichen Nutzen und
- dem Charakter der technischen Innovation,

welche durch den Einsatz eines solchen Systems erreicht werden
sollen. Um hierauf eine einigermaßen befriedigende Antwort zu
finden, wird im folgenden dargelegt,

(J1) aus welchen Grundentscheidungen heraus ein Methodenbank-
system entwickelt wird,
(J2) und welche Eigenschaften des Entwurfs eines solchen
Systems bei der Wartung und möglicherweise beim Ausbau
und bei Erweiterungen Vorteile erwarten lassen.

Gemäß S. DWORATSCHECK und H. DONIKE (vgl. 6/(DWOR72)), liegt die
Schwierigkeit, die Wirtschaftlichkeit von computerorientierten
Informationssystemen - und als solches sind Methodenbanksysteme
zu qualifizieren - weniger im Aufdecken der verschiedenen Einflußfaktoren der Kosten- und Nutzenseite, als vielmehr in ihrer
ökonomischen Quantifizierung. Insbesondere fällt es schwer, den
zu erwartenden Nutzen zu schätzen.

Zu (J1): Die Grundentscheidungen, aus denen heraus Methodenbanksysteme entwickelt werden, sind:

- Benutzerfreundlichkeit,
- problemlose Einsetzbarkeit von Bausteinen,
- Portabilität,
- Ermöglichung unterschiedlicher Datenbankanschlüsse.

Das erstgenannte Entscheidungskriterium führt zu einer Strukturierung der Dialog- und Sprachebenen, sowie zur Einführung
mehrerer Benutzerklassen mit unterschiedlichen Qualifikations-
und Tätigkeitsmerkmalen.

Damit sind folgende, die Wirtschaftlichkeit des Systems günstig
beeinflussende Merkmale gegeben:

- <u>leichte Erlernbarkeit der Benutzung</u>: Der Schulungsaufwand der
  Benutzer kann minimal gehalten werden. Die Existenz von Informationsfunktionen (z.B. Hilfemodus) erlauben es dem Benutzer,
  sich zeitsparend und stets ad hoc zu informieren. Seine Be-
  nutzungsweise kann mit wachsendem Grad an Vertrautheit im Um-
  gang mit dem System effizienzmäßig gesteigert werden (z.B.
  durch Ausschaltung von Informations- und Testhilfen, durch
  knappe Positionsparametereingabe der Kommandos etc.). Den bei
  der laufenden Verwendung des Gesamtsystems sich hieraus erge-
  benden wirtschaftlichen Nutzen quantifizieren zu wollen, ist
  aussichtslos; er existiert jedoch zweifelsfrei.

- <u>arbeitsteilige Benutzung des Systems</u>: Durch die Einführung
  unterschiedlicher Benutzerklassen kann in verhältnismäßig
  leicht zu organisierender Weise eine Arbeitsteilung bei der
  Benutzung einer Methodenbank eingeführt werden. Auch hier
  ist der dadurch erzielte Vorteil kaum numerisch zu schätzen.

Die <u>problemlose Einsetzbarkeit von Bausteinen</u>, die durch den
Einsatz eines Methodenbanksystems erreicht werden soll, wird
durch die Entwicklung einer Methodensprache (Verknüpfungssprache)
erreicht. Hier läßt sich ein Vergleich zwischen einer "herkömmlichen" Lösung und einer Anwendung eines Methodenbausystems
leicht durchführen, was in einem für w.u. angekündigten Vergleichsmodell erfolgen soll.

<u>Zu (J2)</u>: Folgende Eigenschaften eines Methodenbanksystems wirken
sich bei der Nutzung, Wartung und Weiterentwicklung einer Methodenbank vorteilhaft aus:

- datengesteuerte Verarbeitungsweise,
- zentrale Regelung der Dialogsteuerung,
- dynamisches Binden bzw. Starten,
- schalenförmiger Aufbau der Software,
- Einbau von Testhilfen und Instrumentierung der Software,
- Normierung der Bausteine.

Die _datengesteuerte Verarbeitungsweise_ bei der Konstruktion von
Softwaresystemen ist ein technologischer Weg, die Qualität solcher Systeme in vielfacher Weise zu erhöhen:

a) Sie erleichtert die Wartbarkeit von Systemen.

   Funktionsmängel und Funktionserweiterungen können vielfach
   durch Manipulation der zugehörigen Datenebene behoben werden.
   Außerdem erwirkt diese Technik ein intensiveres Durchdenken
   der Detailprobleme vor dem Beginn der Codierung, so daß dadurch die Transparanz der erzeugten Software für den Wartungs-
   fall erhöht wird.

b) Sie erhöht den Aktionsspielraum von Benutzern, ohne daß
   ----
   softwaremäßige Eingriffe erforderlich werden.

   Dies war einer der Hauptgründe, warum zur Spezifikation von
   ökonometrischen Modellen beim System MEBA ein eigener Interpreter erstellt worden ist, der es einem Benutzer erlaubt,
   völlig losgelöst von der Verwendung einer Programmiersprache
   ökonometrische Modelle zu spezifizieren, mittels einfach er-
   lernbarer Kommandos zu bearbeiten, und - dies ist ein ent-
   scheidender Schritt - die einmal notierten Modelle zu verändern, um damit erneut zu experimentieren.

c) Sie gestattet Anpassung eines Systems an lokale Installationen.

   Das System MEBA z.B. ist so "parametrisiert", daß bei einer
   Implementierung gewisse Daten mitgeliefert werden müssen oder
   können, die eine lokale Ausprägung des Systems ermöglichen.

Zu solchen Daten gehören (eine vollständige Liste wird hier
nicht gegeben):

- Verteilung der logischen Gerätenummern für FORTRAN,
- Betriebssystem- und Hardwarekonstante
- Benutzerberechtigungssätze,
- Syntaxtabellen,
- Umschlüsselungstabellen,
- Deskriptorsätze der Bausteine, etc.

Über diese Daten kann die Benutzung von in der Software der Methodenbank vorgesehenen Möglichkeiten manipuliert werden. So
kann auch leicht eine Übertragung des Systems in andere natürliche Sprachen erreicht werden.

Diese Technik hat aber auch zu offensichtlichen Erleichterungen
bei der Erstellung der Software und der Dokumentation geführt,
denn aus den Daten konnten mittels druckender PL/1-Programme und
Berichtsgeneratoren auch Dokumente aufbereitet werden. Ferner
war sie für die Lösung der Frage der Portabilität unumgänglich.

Die zentrale Regelung der Dialogsteuerung hat den Vorteil, daß
die Prüfung und Eingabe von Parameterwerten nicht in mehreren
Systemteilen in redundanter Weise verstreut ist, und darüberhinaus zu einheitlichen Benutzungsschnittstellen führt. Dies
führt nicht nur zu einer Straffung der Software, sondern über
einheitliche Schnittstellen, die im Design fundamental verankert
sind, zu einer leichten Erweiterbarkeit.

Es wird oft argumentiert, daß mit Mitteln der Kommandosprache der
einzelnen Betriebssysteme (z.B. IBM:TSO) die Sprachebene der Befehlssprache eines Methodenbanksystems ebenso benutzerfreundlich
und in ihrer Benutzung einheitlich und (fast) maschinenunabhängig
realisiert werden könnte. Dies ist sogar fast richtig und sicher-
lich auf der Basis der Kenntnis der Kommandosprachen der einzelnen Betriebssysteme auch in endlicher Zeit erreichbar. Jedoch
würde eine derartige Lösung dazu führen, daß Dialogeingaben und
die dazu notwendigen Prüfungen in jeder durch so eine Kommando-

prozedur gestarteten Routine erfolgen müssen. Dies führt zu
einer Multiplikation gleicher oder ähnlicher Softwareteile mit
all seinen Nachteilen für

- Speicherung in Modulbibliotheken,
- Einheitlichkeit der redundaten Teile,
- Wartbarkeit und Manipulierbarkeit.

Änderungen eines derartigen "Steuerungskonzeptes" sind nur pro
Kommandoprozedur und dem dahinter stehenden Programm möglich,
und nicht global für alle Befehle einer Befehlssprache. So z.B.
können die Wertebereiche der globalen Steuerparameter nicht einheitlich über die Veränderung einer Syntaxtabelle manipuliert
werden, sondern nur "zu Fuß" durch Einzelmanipulationen an den
betroffenen Programmen. Nicht so sehr die Forderung der Portabilität, sondern die eben genannten Nachteile sind der Grund
zur Einführung einer zentralen Dialogsteuerung.

Die Technik des <u>dynamischen Bindens bzw. Startens</u> ist als die
einzige Möglichkeit anzusehen, das Hauptziel eines Methodenbanksystems erreichen zu können, nämlich das dynamische Verknüpfen
von Bausteinen. Als Alternative dazu ist nur die Overlay-Binde-
technik zu sehen, bei der ein potentiell aufzurufender Baustein
vor dem Start des Systems durch einen zeitaufwendigen Bindevor-
gang an das gesamte System gebunden werden muß. Dabei sind jedoch folgende prinzipielle Nachteile zu notieren:

- Die Kapazität der meisten Bindelader ist hinsichtlich der
  Anzahl der aufzulösenden Referenzen begrenzt.
- Die Menge der durch ein Steuersystem ansteuerbaren Bausteine
  ist somit klein.
- Jede Manipulation an einem Baustein (vor allem in seiner
  Testphase) führt dazu, das Gesamtsystem neu binden zu müssen,
- eine wahre Vergeudung an CPU-Zeit.

Die in einem Methodenbanksystem enthaltene Vorgehensweise zieht
die genannten Nachteile nicht nach sich, was sich sogar hinsichtlich des letztgenannten Punktes im Falle des MEBA-Systems finan-

ziell bewerten läßt. Dies soll bei der Diskussion des Vergleichs-
modells w.u. näher untersucht werden.

Der schalenförmige Aufbau eines Steuersystems, bedeutet, daß die
Steuerungsprobleme beim Entwurf klar zu gliedern sind, so daß
auf jeder Komplexitätsebene (=Schale) ein wohlbestimmter Teil
der Steuerungsaufgaben abgehandelt wird, mit dem nützlichen Ef-
fekt, daß diese Substeuerungen manipulierbar sind, ohne den Rest
des Systems behelligen zu müssen.

Der Einbau von Testhilfen und die Instrumentierung von Software
sollte zu den Grundtechniken gehören, die beim Aufbau komplexerer
Softwaresysteme anzuwenden sind.

Die Normierung der Bausteine erhöht fraglos ihre Wiederverwend-
barkeit. Diese Eigenschaft ist einerseits technisch erforderlich.
Ihr voller ökonomischer Wert kommt jedoch erst im Rahmen eines
Programmierverbundes zum tragen.

Im folgenden werden - wie oben bereits angekündigt - Vergleichs-
modelle dargestellt, die darlegen sollen, welche Vorteile gegenüber "herkömmlichen" Lösungen ein Methodenbanksystem liefert.

Vergleichsmodell: Aufgrund der verwendeten Funktionen des dynamischen Bindens bzw. Startens von Bausteinen ist ein Methodenbanksystem gleichzeitig ein Testsystem für Bausteine. Dies bedeutet gegenüber einer "herkömmlichen" Vorgehensweise erhebliche
Einsparungen an CPU-Zeiten für Bindeläufe, da immer nur der betreffende Baustein selbst gebunden werden muß. (Die Realisierung
des in (Y1) beschriebenen Testgenerators YHTEST ist diesbezüglich
einem Methodenbanksystem sehr ähnlich.) Aus diesem Grunde ist die
Zielsetzung von Methodenbanksystemen in einem viel allgemeinerem
Zusammenhang zu sehen, als dies bisher der Fall war. Es sind gerade die Aktionen des Testens, denen seitens existierender Ser-
vice-Software noch wenig Aufmerksamkeit gewidmet worden ist. Vor
allem wird der Aufwand an CPU-Zeit beim Testen von Softwareteilen
im Rahmen größerer zu erstellender Systeme durch häufige Bindeläufe stark belastet, -Bindeläufe, bei denen das meiste an Code,

was gebunden werden muß, kleiner Veränderung unterlegen ist.

Es ist daher festzustellen, daß durch ein System wie MEBA beträchtlich CPU-Zeit gespart wird. Außerdem wird Druck- und Wartezeit gespart, wenn man davon ausgeht, daß zum Testen eine Binde- bzw. Montageliste benötigt wird.

Es soll nun folgende Aufgabenstellung untersucht werden: Es seien, sagen wir, drei Bausteine gegeben. Es bestehe nun die Aufgabe, diese zur Konstruktion eines Programms zu verwenden, so daß dieses als spezielle Dienstfunktion einem Benutzer zur Verfügung steht. Hierzu werden zwei Lösungswege betrachtet. Der erste, Fall A, besteht in der Verwendung der Verknüpfungssprache (z.B. Methodensprache des MEBA-Systems) eines Methodenbanksystems. Der zweite, Fall B, besteht darin, zu den gegebenen Bausteinen eine verbindende Programmumgebung zu erstellen.

Fall A: In der Verknüpfungssprache wird eine verbindende Programmumgebung erstellt, welche gleich bei der Eingabe im Dialog auf syntaktische Richtigkeit geprüft wird. Nach einigen Testläufen ist die gestellte Aufgabe gelöst. Um dieses Ziel zu erreichen, bedient man sich bei Systemen wie MEBA folgender im System vorhandener Hilfsmittel:

- Testhilfen bei der Komposition einer Methode,
- Aufnahme der komponierten Methode in Form eines Kommandos
  in die einheitliche Dialogstruktur des Systems,
- Syntax- und Plausibilitätsprüfung der Parameterwerte beim
  aktuellen Aufruf einer komponierten Methode,
- Verknüpfbarkeit einer komponierten Methode mit anderen
  komponierten Methoden.

Fall B: Steht kein Methodenbanksystem zur Verfügung, liegt es wohl nahe, die die Bausteine verbindende Umgebung in Form eines Hauptprogramms zu erstellen, was dem späteren Benutzer mit Mitteln der Kommandosprache des jeweiligen Betriebssystems zugänglich ist. Im Prinzip ist dieses Programm das gleiche, welches im

Falle A in der Verknüpfungssprache des Methodenbanksystems erstellt worden ist. Jedoch wird es um einiges umfangreicher sein müssen, wenn all diejenigen Leistungen erbracht werden sollen, die - wie oben erwähnt - von einem Methodenbanksystem miterbracht werden. Für jede solche Aufgabenstellung müssen also Codeteile aufgenommen werden, die diese Leistungen erbringen mit allen daraus resultierenden Nachteilen:

- redundanter Code,
- erhöhter Verbrauch an Speicherplatz in Bibliotheken,
- erhöhter Programmier-, Test- und Wartungsaufwand.

Bei einer Vielzahl solcher Lösungen besteht die Gefahr der Divergenz hinsichtlich einer anzustrebenden einheitlichen Benutzbarkeit und Datenhaltung. Dabei wird es sicher nicht zu umgehen sein, durch weiteren Softwareaufwand solche Divergenzen aufzufangen, z.B. durch Bridge- und Transformationsprogramme.

Um jedoch auf die Lösung einer Einzelaufgabe zurückzukehren, ist neben einem erhöhten Personalaufwand auch ein erhöhter Bedarf an maschinellen Resourcen zu verzeichnen. Während bei einer kleineren Aufgabenstellung im Falle A mit einer komponierten Methode in etwa einem halben Tag zu rechnen ist, ist im Falle B wohl eine Zeit von eineinhalb bis zwei Tagen auszusetzen. Hinsichtlich des CPU-Zeitverbrauches bis zur Fertigstellung der gewünschten Aufgabe ist im Falle B folgendes zu überlegen: Sei c die CPU-Zeit zum Compilieren des erstellten Hauptprogramms und b die CPU-Zeit für den dazu notwendigen Bindelauf, so ergibt sich bei n_1 Compilationen zur Erreichung eines syntaktisch korrekten Programms und bei n_2 notwendig werdenden Testläufen ein Rechenzeitbedarf von

$$n_1 c + n_2 (c+b),$$

eine Gesetzmäßigkeit, die im Falle A nicht anzutreffen ist, da die entsprechende Aufgabe teilweise im Rahmen des Methodenbanksystems vorgefertigt ist, teilweise auf der Datenebene zu lösen ist.

b) Wirtschaftlichkeitsaspekte

Der Einsatz eines Softwaresystems verursacht Investitionskosten
und Kosten des laufenden Betriebes. Erstere bestehen in den Kosten der Errichtung des Systems oder seiner Übernahme. Die Kosten
des laufenden Betriebes eines Softwaresystems werden im folgenden
in zwei Teilbereiche aufgeteilt,

- den Kosten für die laufende Benutzung des Systems,
- den Kosten für die Wartung des Systems.

Der Aufwand zur Benutzung eines Systems gliedert sich in Aufwand
für

- Schulung,
- Personaleinsatz und
- Maschinenkosten.

Der Aufwand für Schulung wird im wesentlichen durch die Zeit bestimmt, die aufgewendet werden muß, um die Nutzung des Systems
zu erlernen. Der Aufwand für Personaleinsatz besteht in den Mannstunden, die aufgewendet werden müssen, um mit den gegebenen
Mitteln eines Systems gegebene Aufgabenstellungen (z.B. Planungsaufgaben) zu bearbeiten. Dabei wird ein bestimmter Verbrauch an
Resourcen eines Rechenzentrum (z.B. CPU-Zeit, Druckaufwand) her-
vorgerufen, der pauschal als Maschinenkosten bezeichnet wird.

Die Kosten für die Wartung eines Systems haben Ursachen, die w.o.
bereits genannt worden sind. Stellt man nun die Einflußfaktoren
auf die Kosten den Einflußfaktoren auf den Nutzen (=Qualitätskri-
terien) gegenüber, so ergibt sich die Möglichkeit, die bestehenden Zusammenhänge sichtbar zu machen und diese sogar zu bewerten.

Dies wird nun auf der Basis der beim Bau des MEBA-Systems gewonnenen Erfahrungen versucht, wobei in Abb. 12 eine Matrix angelegt
wird, bei der die Zeilen mit den in (J1) und (J2) des vorhergehenden Teilabschnittes dargestellten Qualitätsmerkmalen eines Methodenbanksystems beschriftet sind, und die Spalten die Kostenbe-
reiche des laufenden Betriebes bezeichnen. In den einzelnen Feldern

Merkmale aufgrund des Softwareentwurfes						Merkmale aufgrund prinzipieller Anforderungen					
Normierung von Bausteinen	Testhilfen und Instrumentierung	Schalenförmiger Aufbau	dynamisches Binden bzw. Starten	zentrale Dialogsteuerung	datengesteuerte Verarbeitungsweise	unterschiedliche Datenbankanschlüsse	Portabilität	problemloser Einsatz von Bausteinen	Benutzerfreundlichkeit		
J	I	H	G	F	E	D	C	B	A		
				•					•	1	Schulung
				•	•			•	•••	2	Personalkosten
•		•	•••		•••			••		3	Maschinenkosten
•	•	•			•		•••			4	Hardware-änderungen
•	•	••			••	•••	•			5	Design-änderungen
•	•••	••			••	•	•	•••		6	Leistungs-verbesserungen
	•••	••	•		•••		•			7	Fehler-beseitigung

Abb. 12 Bewertung von Einflußfaktoren auf den laufenden Betrieb eines Methodenbanksystems

können nun die bestehenden Zusammenhänge markiert und bewertet werden. Dabei wird folgende Notation verwendet:

a) Ist ein Feld leer, so bedeutet das, daß zwischen der betreffenden Zeile und Spalte kein nennenswerter Zusammenhang besteht.

b) Ist ein Feld nicht leer, so kann es einen, zwei oder drei Punkte enthalten. Ein solches Feld sagt aus, daß zwischen den entsprechenden Zeilen und Spalten ein kostenmäßig positiv zu bewertender Zusammenhang besteht.

c) Ein Punkt bedeutet, daß ein Qualitätscharakteristikum einen Kostenpunkt zwar deutlich erkennbar positiv beeinflußt, daß dieser Einfluß jedoch ein Nebenprodukt der hierzu gehörenden Designüberlegungen ist.

d) Drei Punkte bedeuten, daß aufgrund ganz gezielter software-technischer Überlegungen ein stark positiv zu bewertender Einfluß eines Qualitätscharakteristikums auf einen oder mehrere Kostenfaktoren erwartet wird.

e) Zwei Punkte sollen ein gewisses Mittelmaß zwischen den "Maßen" ein Punkt und drei Punkte andeuten. Teilweise resultiert diese Gewichtung aus gezielten Entwurfsüberlegungen, teilweise handelt es sich jedoch um ein Nebenprodukt des Designs.

Um für die Bewertung der einzelnen Felder eine Begründung liefern zu können, werden die Zeilen der Abb. 12 mit den Buchstaben A - J und die Spalten mit den Ziffern 1 - 7 bezeichnet. Es wird jedoch nicht für jedes Feld eine gesonderte Begründung geliefert, vor allem dann nicht, wenn diese aus den Ausführungen im vorhergehenden Teilabschnitt hervorgeht.

<u>Zu A1:</u> Die Schulung der Benutzer befaßt sich primär mit der Darstellung der Dialogebenen eines Methodenbanksystems, deren klarer struktureller Aufbau und deren Benutzerfreundlichkeit erwarten lassen, daß Schulungsaktivitäten rasch und effektiv durchgezogen werden können.

<u>Zu A2:</u> Die oben beschriebenen Maßnahmen zur Erhöhung der Be-
nutzerfreundlichkeit von Softwaresystemen lassen erwarten, daß
die zur Benutzung solcher Systeme aufzuwendende Zeit effektiv
genutzt wird.

<u>Zu A3:</u> Fehlerhafte Benutzung eines nicht benutzerfreundlichen
Systems führt leicht zum Verbrauch maschineller Resourcen, bei-
spielsweise nur um durch "trial und error" herauszufinden, wie
das System funktioniert. Wenn in Abb. 12 Bewertungen vorgenommen werden, dann geschieht dies gegenüber existierenden oder
"herkömmlichen" Lösungs- bzw. Systemalternativen, wie dies bei-
spielhaft im vorhergehenden Teilabschnitt angestellt worden ist.
Bewertungen gegen an sich zu verwerfende Lösungsansätze werden
<u>nicht</u> vorgenommen.

<u>Zu B1:</u> Die problemlose Einsetzbarkeit von Bausteinen, etwa ge-
stützt durch geeignete Informationsdienste, trägt dazu bei, daß
ein Benutzer die zur Verwendung von Bausteinen benötigte Zeit
effektiv nutzen kann.

<u>Zu B2 und G3:</u> Es ist hier hauptsächlich an die Einsparung von
Testläufen gedacht.

<u>Zu B6:</u> Das Ziel, Bausteine austauschen zu können, bedeutet z.B.,
daß Varianten eines mathematischen Algorithmus in mehreren Bausteinen vorliegen können. Die Einbringung solcher Varianten bedeutet oft eine Leistungsverbesserung.

<u>Zu C5 bis C7:</u> Die Strukturierung von Software, um Portabilität
zu erreichen, ist für die Aufgaben der Wartung von unschätzbarem
Wert.

<u>Zu D5 und D6:</u> Der Anschluß einer neuen Datenbank an ein Soft-
waresystem kommt oft einer Design-Änderung und einer Leistungsverbesserung gegenüber dem bisherigen System gleich.

<u>Zu E4:</u> Z.B. erleichtert die Steuerung von Software über Hard-
warekonstanten, wie die Länge einer Bildschirmzeile, das Auffangen von Hardware-Änderungen.

<u>Zu E5 und E6:</u> Die Manipulierbarkeit von Tabellen und die leichte Modifizierbarkeit ihrer Verarbeitung innerhalb von Programmen, erlauben eine zeit- und kostensparende Veränderung von Software.

<u>Zu F1 und F2:</u> vgl. A1 und Ae

<u>Zu G3:</u> vgl. B2

<u>Zu G7:</u> Die Technik des dynamischen Bindens unterstützt auch sehr stark das Testen, und damit die Fehlerbeseitigung.

<u>Zu H3:</u> Eine klare Strukturierung von Software trägt zur Vermeidung von Redundanzen im Code und damit zu einer Effizienzsteigerung hinsichtlich der bei der Benutzung verursachten Maschinenkosten bei.

<u>Zu H4 bis H7:</u> vgl. C5 bis C7

<u>Zu I4:</u> Beim MEBA-System wurde die Technik der Instrumentierung dazu benutzt, um die Aufrufe der maschinenabhängigen Routinen erster Art zu überwachen.

<u>Zu I5:</u> Instrumentierte Software unterstützt Design-Änderungen.

<u>Zu I6 und I7:</u> Um Anhaltspunkte zur Leistungsverbesserung von Software und Hilfen zur Fehlerbeseitigung zu erhalten, werden Testhilfen und Techniken zur Softwareüberwachung eingesetzt.

<u>Zu J4 bis J6:</u> vgl. H4 bis H7

Es ist festzustellen, daß die Qualitätsmerkmale in Abb. 12 nicht unabhängig voneinander sind. So z.B. bedingt die Portabilität eine datengesteuerte Verarbeitungsweise und einen schalenförmigen Aufbau eines Systems.

Bei den vorgenommenen Bewertungen spielen hauptsächlich die Designerwartungen des Steuersystems MEBA eine Rolle, die bisher nur an einigen wenigen Stellen durch tatsächliche Messungen er-

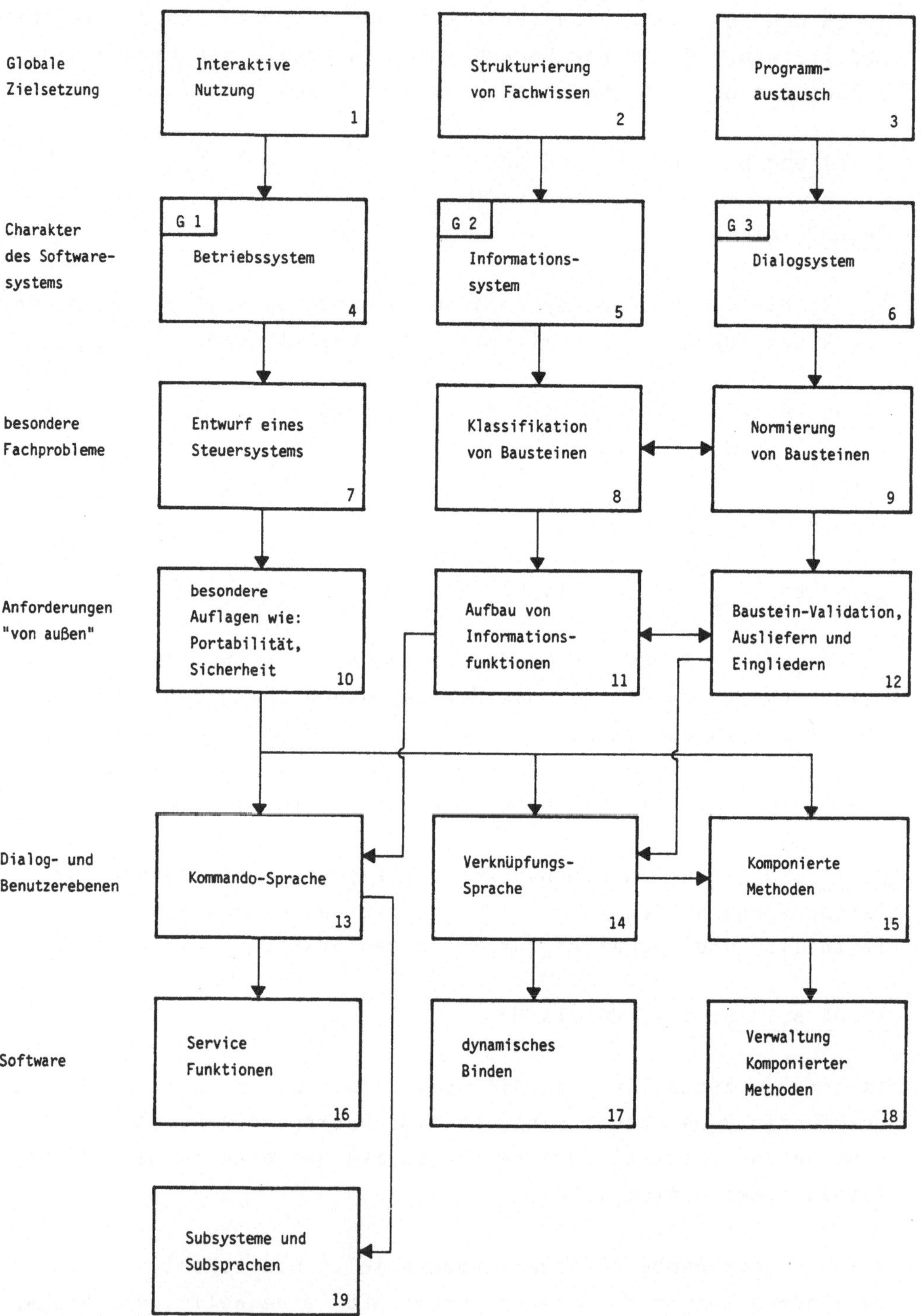

Abb. 13 Kausalkette von Entwurfsentscheidungen beim Bau
von Methodenbanksystemen

härtet werden konnten. Es handelt sich bei der gegebenen Übersicht in Abb. 12 um <u>Wirtschaftlichkeitsaspekte</u>, aus denen hervor-
gehen soll, wo die Vorteile eines Methodenbanksystems zu sehen
sind.

c) Rahmenempfehlungen zum Bau von Methodenbanksystemen

Es wird im folgenden versucht, eine Kausaulkette von Entscheidungen aufzuzeichnen, die als Hilfe dazu dienen kann, beim Einrichten von Methodenbanken den jeweils geeigneten strukturellen
Aufbau zu finden. Abb. 13 enthält eine grafische Darstellung
dieses Entscheidungsbaumes. Die dort dargestellte Kausalkette
von Entscheidungen repräsentiert ein Top-Dow-Verfahren, um eine
anzustrebende Softwarestruktur für ein Methodenbanksystem aufzufinden. Um die folgenden Ausführungen etwas zu straffen, wird
anhand des formalen Aufbaus von Abb. 13 verfahren. Die Kästen
deuten Entscheidungen an. Pfeile repräsentieren kausale Zusammenhänge. Die Kästen in einer Horizontalen gehören zu einer Entscheidungsebene, die am linken Rand der Abbildung verbal kurz
charakterisiert ist.

Das dargestellte Top-Down-Verfahren umfaßt folgende Entscheidungsebenen:

- globale Zielsetzung des Systems,
- Charakter des Softwaresystems,
- besondere Fachprobleme,
- Anforderungen zur Design-Verfeinerung,
- Dialog- und Benutzerebenen,
- Softwarestruktur.

Die <u>globale Zielrichtung</u> eines Methodenbanksystems richtet sich
danach, welche der Grundaufgaben (G1) bis (G3) im Vordergrund
stehen. Die dahinterstehenden Zielsetzungen können kurz umschrie-
ben werden als:
    - interaktive Nutzung,
    - Strukturierung von Fachwissen,
    - Programmaustausch.

Mit ersterem ist die Nutzung einer vorhandenen und ggf. laufend
zu erweiternden Bank von Bausteinen gemeint, um damit die Lösung
bestimmter praktischer Fachvorhaben, wie z.B. Planungsaufgaben,
zu erreichen. Dieses Grundziel kann zu der Konzeption eines be-
triebssystemartigen Softwaresystems führen (Kasten 4).

Mit Kasten 2 ist folgende globale Zielvorstellung angedeutet:
Ein Benutzer soll für eine gegebene Aufgabenstellung darüber in-
formiert werden, welche Methoden einer vorgefertigten Methodenbank, zur Bearbeitung seines Problems herangezogen werden können.
Dies führt auf den Charakter eines Informationssystems (Kasten 5),
dessen Voraussetzung die Strukturierung des Fachwissens ist, das
in den Bausteinen "enthalten" ist.

Als dritte der genannten globalen Zielsetzungen wurde der Pro-
grammaustausch (Kasten 3) genannt, wobei die Erstellung von Bausteinen, ihre Versendung und ihre Integration in bestehende Methodenbanksysteme umfaßt werden soll. Wie bereits betont, können
beim Einrichten eines Methodenbanksystems diese drei Zielrich-
tungen gleichzeitig, jeweils nur eine oder jede beliebige Kombi-
nation hiervon angesteuert werden. Hieraus resultiert dann der
jeweilige <u>Charakter des Systems</u>, wie er in den Kästen 4 bis 6
angedeutet ist.

Als <u>besondere Fachprobleme</u> ergeben sich dabei:

- Entwurf eines Steuersystems,
- Klassifikation von Bausteinen,
- Normierung von Bausteinen.

Ehe man bei einem konkreten Vorhaben, eine Methodenbank zu implementieren, eine "weiter nach unten führende" Softwareanalyse an-
stellt, ist es nützlich, die besonderen strukturellen Fragen, die
in diesem Zusammenhang per se vorliegen, zu kennen. Hinsichtlich
des "Entwurfes eines Steuersystems" (Kasten 7) wurde in dieser
Arbeit ein möglichst allgemeingültiger struktureller Ansatz versucht, der optisch in Abb. 2 zusammengefaßt ist und ansonsten in
Teilabschnitt 1c) enthalten ist. Die Elemente dieses Ansatzes,

der in gewissem Sinne maximal ist, sind:

- Softwarekomponenten (S1) - (S6)
- System von Dateien (F1) - (F9)
- Benutzerklassen (B1) - (B5)
- Dialogebenen (I1) - (I5).

Es ist gerade die nächste Entscheidungsebene, die hieraus die richtige Auswahl für ein konkretes Methodenbanksystem bewirkt.

Die Klassifikation (Kasten 8) und die Normierung von Bausteinen (Kasten 9) sind Fachfragen, die w.o. bereits diskutiert worden sind.

Die _Auflagen_, die bei einem konkreten Entwicklungsvorhaben, "von außen" d.h. von Auftraggeberseite an derartige Softwaresysteme gestellt werden, prägen die nun einsetzende erste Konkretisierung eines Software-Entwurfes. An dieser Stelle beginnt erst die-Software-Analyse beim Bau von Methodenbanksystemen, während die bisher genannten Punkte (Kästen 1-9) grundsätzliche Erkenntnisse zusammenfassen, von denen beim Bau derartiger Systeme auszugehen ist. Beispiele derartiger Auflagen sind für den softwaretechnisch-strukturellen Teil (Kasten 10) des hier beschriebenen Top-Down-Verfahrens:

- Anforderungen aus der Art der Benutzung wie Lehre, Forschung, Planung, mathematische Analyse etc. Ferner bestimmt das jeweilige Fachgebiet sehr stark die Softwarestruktur einer Methodenbank.
- Anforderungen hinsichtlich der Betriebsmodi wie Batch, Dialog oder Datenfernübertragung.
- Anforderungen hinsichtlich der Sicherheitsaspekte wie:

Schutz vor fehlerhafter Benutzung,
Restart,
Benutzerberechtigungen (Zugang zum System),
Datensicherheit und Datenauswahl,
Methodensicherheit und Methodenauswahl.

In Analogie zu der Vorstellung, den Zugriff zu bestimmten
Daten zu reglementieren (Datenschutz), ist es denkbar, daß
Mechanismen eingerichtet werden, um den Zugang zu bestimmten
Methoden bzw. Bausteinen kontrollieren zu können ("Methoden-
schutz", "Bausteinschutz").
- Anforderungen hinsichtlich der Übertragbarkeit und Adaptierbar-
  keit wie:

      Adaptierbarkeit von Datenzugriffsroutinen,
      Mehrsprachigkeit,
      Manipulierbarkeit von Benutzungsschnittstellen.

Für den fachgebiet-spezifischen Teil des hier vorgeschlagenen
Top-Down-Verfahrens sind eine Reihe von Anforderungen denkbar,
die Art und Umfang der gewünschten Informationsfunktionen betreffen (Kasten 11).

Wird als spezielles Entwicklungsziel der Aufbau eines Programmierverbundes oder die Teilnahme an einem solchen angestrebt, sind
Auflagen, die die Art der Erstellung, Auslieferung, Überprüfung
(Validation) von Bausteinen, sowie ihre Eingliederung in Methodenbanksysteme betreffen, zu berücksichtigen (Kasten 12).

Die nächste Entscheidungsebene ist die <u>Festlegung einer Dialogstruktur und geeigneter Benutzerebenen</u> (Kasten 13 bis 15). Diese
sind aus den vorhergehenden Entscheidungsebenen abzuleiten. Eine
umfassende Darstellung dieser Strukturen ist in Teilabschnitt 1c)
enthalten, wo die möglichen Sprachebenen (I1) bis (I5) und die
möglichen Benutzerklassen (B1) bis (B5) ausführlich beschrieben
sind. Es sind im wesentlichen folgende drei Benutzeraspekte, von
denen aus eine Entwurfsverfeinerung eines Methodenbanksystems
ausgehen sollte:

- Benutzung von Dienstfunktionen (Kasten 13),
- Einsatz der Bausteine einer Methodenbank (Kasten 14),
- Einsatz der aus den Bausteinen komponierten Methoden
  (Kasten 15).

Im ersten Falle ist die geeignete Sprachebene eine Kommandosprache, so daß jedem Kommando eine Service-Funktion gegen-
übersteht (Kasten 16). Diese kann aber auch in verschiedene
Teile strukturiert sein, so daß je nach Art der Benutzung und
Berechtigung des Benutzers Subsysteme angesprochen werden können, die ihrerseits wiederum völlig eigenständige Sprachebenen
der Benutzung enthalten (Kasten 19).

Im zweiten Falle ist das geeignete Sprachniveau eine Verknüpfungssprache, die es einerseits erlaubt, Bausteine zu höheren
Softwarekonstrukten zusammenzufügen, andererseits eine benut-
zerseitige Steuerung der dynamischen Bindeoperationen zu ge-
statten. Speziell zu diesem letztgenannten Aspekt ist in Teilabschnitt 1e) eine grundsätzliche Strukturanalyse enthalten,
aus der heraus eine softwaremäßige Detailkonstruktion abgeleitet werden kann.

Im dritten Falle, bei der Verwendung komponierter Methoden,
ist das geeignete Sprachniveau, ein Mechanismus zur Identi-
fizierung der komponierten Objekte, welcher im wesentlichen
aus dem vorhergehenden Sprachniveau abzuleiten ist (Konzept
zur Namensvergabe).

Das Resultat dieser Entscheidungsebene ist die Fixierung eines
<u>Sprach- und Benutzungskonzeptes</u>.

Erst auf der Basis der auf den vorgenannten Ebenen gefällten
Entscheidungen kann an die <u>Festlegung einer softwaremäßigen
Detailkonstruktion</u> herangegangen werden, die in den Kästen
16 bis 19 angedeutet ist. Hierbei steht im Vordergrund die
Beschreibung von Routinen und Datenstrukturen (Objekten),
welche als Programmiervorgaben der Ausgangspunkt einer Implementierung sind.

Teil II:

Das Steuersystem M * E * B * A

1. Aufbau des Systems

Das Steuersystem MEBA ist ein Softwaresystem zur Steuerung von
Zugriffen auf eine Methodenbank. Die Methodenbank enthält in
FORTRAN IV vorprogrammierte Bausteine, die gewissen Normierungs-
vorschriften genügen müssen (Organisationsprinzip der Methoden-
bank). Das Steuersystem selbst ist in großen Teilen in FORTRAN
IV programmiert.

Bei den Entwicklungsarbeiten des Steuersystems MEBA wurde folgenden Grundanforderungen des Auftraggebers Rechnung getragen: *)

a) *Das System ist sowohl im Batch - als auch im Dialogbetrieb
   verwendbar.*
b) *Das System ist weitgehend portabel, d.h. es kann auf mehreren
   Rechnern so implementiert werden, daß einerseits ein hoher
   Prozentsatz des (in FORTRAN IV) formulierten Codes der einzelnen Programme ohne Änderung übernommen werden kann und daß
   andererseits die einheitliche Funktionsweise des Systems für
   den Benutzer sichergestellt ist.*

*) Auftraggeber des Steuersystems war das Institut für Angewandte
   Wirtschaftsforschung in Tübingen. Die genauen projektorganisa-
   torischen Zusammenhänge sind in 1/(BMWI78) und 1/(SCHI76) dargestellt.

c) Die Verwendung des Systems ist über eine leicht erlernbare
und benutzerfreundliche Steuersprache auch für Nicht-Pro-
grammierer sichergestellt.
d) Das Einbringen von neuen Elementen in die Methodenbank und
die Zugriffe hierauf werden vom System weitgehend unterstützt.
e) Das System ist in einem Teilnehmerbetriebssystem einsetzbar.

Die Realisierbarkeit des Steuersystems wurde bereits für folgende Betriebssysteme analysiert:

TR440	BS3
SIEMENS	BS2000
IBM360/370	OS/VS/TSO
UNIVAC1100	EXEC8
CDC/CYBER	NOS

Ausgehend von diesen Grundanforderungen wurde ein Konzept
1/(HAUE75) und ein Feinkonzept 1/(HAUE76) für ein Software-
System zur Steuerung von FORTRAN-Moduln im Rahmen einer ökonometrischen Methodenbank entwickelt, welches aus folgenden
sechs Komponenten besteht:

- Sprachkonzept,
- Steuerkonzept,
- Dateikonzept,
- Realisierungskonzept,
- Dienstleistungskonzept,
- Schnittstellenkonzept.

Ein schematischer Überblick über das Steuersystem MEBA ist in
Abb.14 enthalten.

a) Sprachkonzept

Das Sprachkonzept des Steuersystems MEBA besteht aus zwei unterschiedlichen Komponenten:

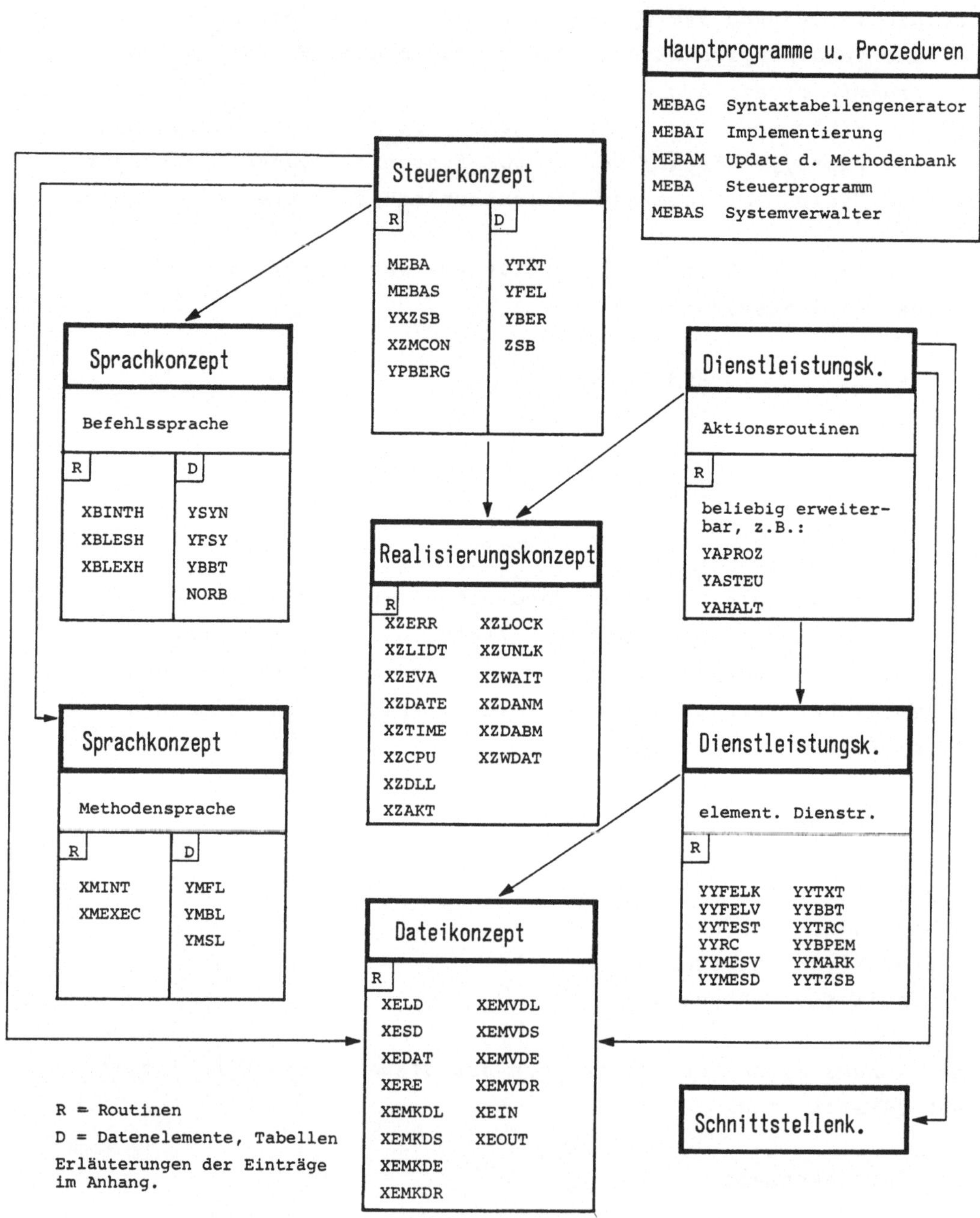

Abb. 14   Übersicht über das Steuersystem MEBA

<table>
<tr><td colspan="2">Prozesssteuerung</td></tr>
<tr><td>PROZESS</td><td>Einleitung bzw. Weiterführung eines Prozesses</td></tr>
<tr><td>STEUER</td><td>Setzen von Steuerparametern (Schaltern)</td></tr>
<tr><td>HALT</td><td>Beendigung bzw. Unterbrechung eines Prozesses</td></tr>
</table>

<table>
<tr><td colspan="2">Datenverwaltung</td></tr>
<tr><td>EINRICHTE</td><td>Einrichten einer Arbeitsdatei</td></tr>
<tr><td>REORG</td><td>Reorganisieren einer Datei</td></tr>
<tr><td>FREI</td><td>Freigeben einer Datei</td></tr>
<tr><td>EINGABE</td><td>Eingabe eines Datenelementes</td></tr>
<tr><td>AENDERE</td><td>Änderung eines Datenelementes</td></tr>
<tr><td>KOPIERE</td><td>Kopieren eines Datenelementes</td></tr>
<tr><td>LOESCHE</td><td>Löschen eines Datenelementes</td></tr>
<tr><td>NENNE</td><td>Umbenennen eines Datenelementes</td></tr>
<tr><td>SICHERE</td><td>Sichern eines Datenelementes</td></tr>
<tr><td>ENTSICHERE</td><td>Entsichern eines Datenelementes</td></tr>
<tr><td>SUCHE</td><td>Suchen eines Datenelementes</td></tr>
</table>

<table>
<tr><td colspan="2">Ausgabe und Information</td></tr>
<tr><td>AUSGABE</td><td>Ausgabe eines Datenelementes</td></tr>
<tr><td>INHALT</td><td>Inhaltsübersicht über eine Datei</td></tr>
<tr><td>INFORMIERE</td><td>Information über Prozesse</td></tr>
<tr><td>PROTOKOLL</td><td>Ausgabe eines Protokolls für einen laufenden Prozess</td></tr>
<tr><td>LSTEUER</td><td>Anlisten der durch STEUER gesetzten Steuerparameter bzw. Schalter</td></tr>
</table>

Abb. 15   Übersicht über einen möglichen Vorrat
von Kommandos

einer Benutzersprache und
einer Methodensprache.

Die _Benutzersprache_ hat die Form einer einfachen Kommandosprache
auf Schlüsselwortbasis. Sie hat die Funktion einer einfachen
Steuersprache (JCL - Job Control Language), welche maschinenunabhängig implementiert ist (Portabilität für den Benutzer). (Vgl.
Abb. 15). Sie stellt für den Benutzer ein Hilfsmittel dar, gewisse Dienste in Anspruch zu nehmen, wie etwa Löschen, Kopieren,
etc. von Datenelementen, Eingabe von Steuerinformationen und
Systemverwaltungsfunktionen. Die Befehlssprache ist gemäß den
Funktionen der einzelnen Kommandos untergliedert.

Die Entwicklung des Sprachkonzeptes und damit die Entwicklung
des gesamten Steuersystems wurde aus folgenden Grundgedanken
abgeleitet:

1. Ein (ökonometrisches) Analysevorhaben wird durch den variablen
   Einsatz vorgefertigter Elemente einer Methodenbank (Bausteine)
   bewältigt. Dabei bietet sich als geeigneter Verarbeitungsmodus
   eine interaktive Vorgehensweise an, die es - durch ein Dialogsystem unterstützt - erlaubt, einzelne Bausteine zu für den
   jeweiligen Anwendungsfall sinnvollen Abläufen miteinander zu
   kombinieren.

   Eine derartige Ablaufkombination von vorgefertigten Bausteinen
   wird als _Methode_ bezeichnet. Als eine der Grundaufgaben des
   Steuersystems wird also die computergestützte Kombinationsmög-
   lichkeit von vorgefertigten Bausteinen zu größeren Verarbei-
   tungskomplexen, den sogenannten Methoden, hervorgehoben.

2. Der Benutzer, der eine aus Bausteinen komponierte Methode einsetzen will, soll neben dem Aufruf derartiger Methoden mit
   einer Palette von geeigneten Dienstroutinen versorgt werden.

3. Die Entwicklung eines derartigen Systems ist komplex genug,
   so daß die Notwendigkeit gegeben ist, spezielle Funktionen
   zur Verfügung zu stellen, die es erlauben, das System zu über-

Beispielhafte Verwendung einer Anweisung	Erläuterung
`INTEGER A,B(30),E;`	Typdeklaration: B umfaßt 30 Worte, A und E umfassen je ein Wort.
`STRING C(40),D(4);`	Typdeklaration: C umfaßt 40 Zeichen, D umfaßt 4 Zeichen.
`CHECK A;`	Die Variable A muß beim aktuellen Aufruf der Methode angegeben werden.
`DEFAULT A=5,D='ABCD';`	Anfangswertbesetzung
`L10: A=E; A=E+7;`	Wertzuweisung. L10 ist Beispiel für eine Marke
`IF (A.LT.3) GOTO L10;`	Bedingungsanweisung
`GOTO L20;`	Sprunganweisung
`CALL MOD1(A,B,C);`	Aufruf des Moduls MOD1
`EXEC WIEN1:5:MBD (A,E,...);`	Aufruf der Methode WIEN1 mit der lfd. Nummer 5, die sich auf der Datei MBD befindet.
`MESSAGE C;`	Ausgabe einer Nachricht, die in der String - Variablen C steht.
`MESSAGE 'AUSGABE';`	Ausgabe des Textes AUSGABE als Nachricht
`L20: PAUSE;`	Unterbrechung der Abarbeitung einer Methode.
`COMMENT TEXT;`	Kommentar
`DUMPE C;`	Dump der Variablen C.
`TRACE EIN; TRACE AUS;`	Ablaufprotokollierung Ein - bzw. Ausschalter
`END;`	Ende - Anweisung

Abb. 16   Überblick über die Methodensprache

wachen und zu verwalten.

4. Es wurden daher die Benutzer des Systems in drei Kategorien
   eingeteilt:

   Systemverwalter,
   Methodenentwickler,
   Benutzer (Fachbereich).

Der zweite Teil des Sprachkonzeptes ist eine FORTRAN-ähnliche
Verknüpfungssprache, die in Abb. 16 dargestellt ist.

b) Systemarchitektur

Der Aufbau des Steuersystems enthält folgende Elemente:

*(A1)   Definition eines zentralen Datenblockes (ZSB=zentraler
        Steuerblock),*
*(A2)   Festlegung eines Systems von Dateien, die vom Steuersystem
        verwendet werden,*
*(A3)   Festlegung spezieller Tabellen (Datenelemente), die zu
        Steuerungszwecken benötigt werden,*
(A4)   Festlegung von Schnittstellen zu den Betriebssystemen,
(A5)   Festlegung einer Modulstruktur.

<u>Zu (A1)</u>: Der <u>zentrale Steuerblock</u> ist ein Datenbereich in dem
alle globalen Steuerparameter (Daten) enthalten sind. Ein Teil
hiervon ist vom Benutzer manipulierbar, um gewisse Komfortstufen
des Gesamtsystems zu steuern, wie z.K. Testschalter, Rückver-
folgerschalter, Meßschalter etc. Ein anderer Teil des ZSB dient
dem Steuersystem als Bereich für zentral geführte Schalter und
Daten, wie z.B. die aktuelle Betriebsart (Batch oder Dialog) oder
der Benutzername, der Name der zuletzt aufgerufenen Aktionsroutine etc. Hierzu gehört auch ein spezieller Teil des ZSB, der
für jedes Betriebssystem gesondert verwaltet wird, und wo betriebssystemabhängige Daten gespeichert sind (wie z.B. Adressen
von Dateibeschreibungsblöcken (FCB:SIEMENS BS2000), oder Längenangaben für Pufferbereiche, die bei E/A-Operationen benötigt werden).

Der zentrale Steuerblock ist darüber hinaus eine wichtige "Portabilitätsschnittstelle". Er enthält eine Reihe von maschinenabhängigen Konstanten, die bei der Implementierung eines MEBA-Systems mitgereicht werden, wie z.B. die Längen eines Maschinenwortes in Bits, das "Maschinen-Epsilon" (vgl. 1/(HAUE76), 6/ (FORS71), die Anzahl der Zeichen pro Bildschirmzeile etc. Um eine für alle Betriebssysteme einheitliche (portable) Steuerung zu erhalten, ist es darüberhinaus notwendig, dynamisch (d.h. zur Laufzeit) Information über die an das MEBA-System angeschlossenen Dateien zu erhalten, welche aus betriebssystemspezifischen Datenbereichen (DCB:IBM 370/VS, FCB: BS 2000, Startsatz: TR 440/BS3) ermittelt wird und gemäß einer portablen Schnittstelle im ZSB abgelegt wird.

Zu (A2): Das System von Dateien, welches vom Steuersystem verwendet wird, besteht neben der Modulbibliothek aus bis zu 12 Dateien, die in ihrer Bedeutung genau festgelegt sind. Es wird dabei zwischen

- benutzerspezifischen Dateien,
- öffentlichen Dateien,
- einmal vorhandenen Steuerdateien und
- der Modulbibliothek

unterschieden.

Die Modulbibliothek (bzw. die Modulbibliotheken) stellt den materiellen Inhalt der Methodenbank dar. Ihr Aufbau und ihre Verwaltung werden datentechnisch von den Gegebenheiten des jeweiligen Betriebssystems und durch die im Steuersystem MEBA enthaltenen Funktionen des dynamischen Bindens und Startens von Bausteinen bestimmt. Die eigentlichen Benutzer (Fachbereich, Methodenentwickler) des Systems haben vom Steuersystem aus nur lesenden Zugriff (realisiert durch die betriebssystemgegebenen Mittel des dynamischen Bindens bzw. Startens) auf die Bausteine der Modulbibliothek.

<u>Zu (A4)</u>: Bei der <u>Festlegung von Schnittstellen zu den Betriebs-</u><u>systemen</u> wurde davon ausgegangen, daß gewisse Funktionen, die zur Realisierung des Steuersystems nötig, aber in der Programmiersprache FORTRAN IV nicht (einheitlich) zur Verfügung stehen, in ihrer Funktionsweise beschrieben und in ihrem Aufruf durch Festlegung einer Parameterliste normiert werden. Dadurch wird erreicht, daß die voll portablen Systemteile strikt von den maschinenabhängigen Teilen getrennt werden, daß die normierten Aufrufe dieser Funktionen wie Erweiterungen des Sprachvorrates von FORTRAN IV fungieren, und daß schließlich eine Übertragung des MEBA-Steuersystems auf weitere Betriebssysteme lediglich ein Nachprogrammieren dieser einmal festgelegten Funktionen in Assembler oder einem FORTRAN-Dialekt des jeweiligen Betriebssystems erfordert. Es wurden folgende Funktionen festgelegt:

- Ermitteln von Informationen über die MEBA-Dateien,
- Sperren und Entsperren von Dateien,
- Warten,
- Dynamisches Binden bzw. Starten von Moduln,
- Fehlerabfang,
- Ermitteln der Verarbeitungsart (Batch oder Dialog),
- Hilfsfunktionen: Ermitteln von Datum, Uhr- und CPU-Zeit.

<u>Zu (A5)</u>: Ausgehend von den in (A4) erwähnten Funktionen ergibt sich aus Portabilitätsgründen folgende Einteilung der Module des MEBA-Steuersystems:

<u>1. Vollportable Routinen:</u> Diese Klasse von Routinen ist dadurch definiert, daß ihr Quelltext in FORTRAN IV derart formuliert ist, daß sie von allen (in Frage kommenden) FORTRAN-Compilern in gleicher Weise verstanden werden.
<u>2. Maschinenabhängige Routinen erster Art:</u> Diese Klasse von Routinen ist dadurch definiert, daß ihre Funktion und die Liste der ihnen zugeordneten Parameter unabhängig von der jeweiligen Realisierung beschrieben werden kann. In den vollportablen Routinen dürfen nur vollportable Routinen oder maschinenabhängige Routinen erster Art aufgerufen werden. Pro Betriebssystem wird ein Satz dieser Routinen erstellt.

3. Maschinenabhängige Routinen zweiter Art: Um die maschinenabhängigen Routinen erster Art bequemer realisieren zu können, ist es manchmal zweckmäßig, gewisse spezielle Funktionen in gesonderten Routinen zusammenzufassen. Diese Routinen, die für ein Betriebssystem erstellt werden, haben nicht notwendigerweise ein Gegenstück in einem anderen Bestriebssystem. Sie werden daher nur innerhalb der maschinenabhängigen Routinen erster Art aufgerufen.

Die Routinen des MEBA-Systems sind darüberhinaus _ihrer Funktion nach_ in fünf Teilbereiche einzuteilen, die zueinander in hierarchischer Beziehung stehen, d.h. eine hierarchisch höherrangige Routine kann Routinen jeder hierarchisch untergeordneten Ebene aufrufen, aber niemals umgekehrt. Außerdem dürfen sich Routinen, die einer Ebene angehören, gegenseitig ebenfalls nicht aufrufen. Die Aufrufhierarchie ist in Abb. 17 dargestellt. Diese fünf Teilbereiche werden als Komplexitätsebenen bezeichnet. Diese sind:

(K1)   _Zentrale Hauptprogramme,_
(K2)   _die Haupt-Steuerroutinen,_
(K3)   _Steuerung und Durchführung von Dienst- und Fachaufgaben,_
(K4)   _elementare Dienstroutinen,_
(K5)   _maschinenabhängige Routinen erster Art._

Zu (K1): Die zentralen Steuerprogramme leisten folgendes:
- Initialisierung des zentralen Datenbereichs (ZSB);
- Durchführung von Prüfungen über Zusammenhänge und Gegebenheiten, die erfüllt sein müssen, ehe mit einer sinnvollen Weiterverarbeitung zu rechnen ist.
- Quittierung der Anfangsprüfungen und Einleitung des Dialogs;
- zentraler Fehlerabfang;
- Steuerung des Nachladens von Syntaxtabellen;
- Aufruf der Routinen der Komplexitätsebene (K2).

Zu (K2): Zu dieser Ebene gehören zwei Komplexe, die Befehlsinterpretation und die Befehlsaktivierung. Zum ersteren gehört das Einlesen und syntaktische Überprüfen eines Befehls der Befehlssprache

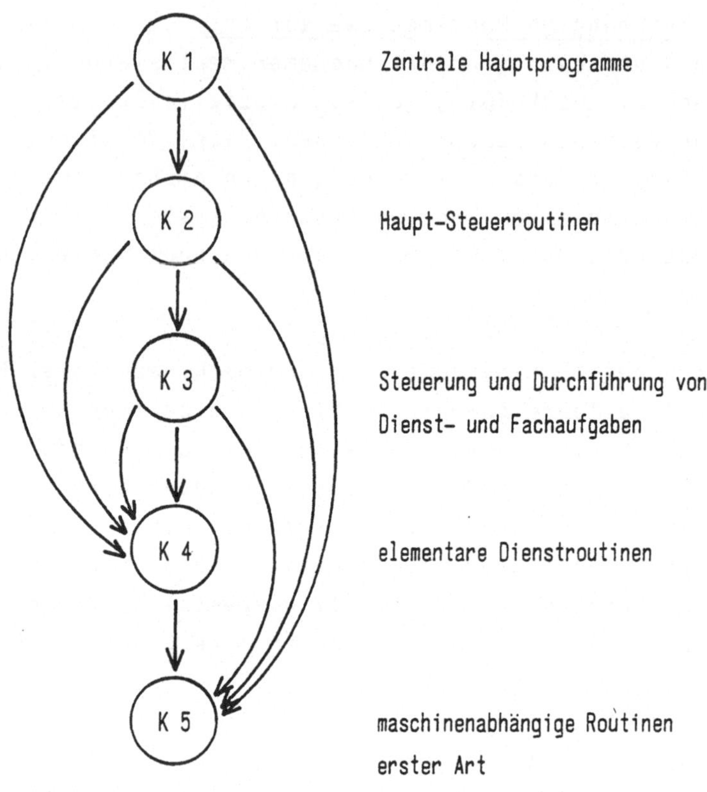

Abb. 17   Aufrufhierarchie des MEBA-Systems

sowie das Umsetzen eines derartigen Befehls in einen normierten
Zwischencode (normierter Befehl). Zur Befehlsaktivierung gehört
die Besorgung des Aufrufs einer Routine der Komplexitätsebene
(K3), die die Aktionen eines eingegebenen Befehls durchführt.
Dies kann durch Aufruf einer angebundenen Routine (CALL-Anwei-
sung) oder durch einen Systemdienst des dynamischen Bindens und
Startens erfolgen.

Zu (K3): Die Elemente dieser Komplexitätsebene sind dadurch
ausgezeichnet, daß sie eine bestimmte Dienstfunktion erbringen,
eine fachbezogene Aufgabenstellung bearbeiten oder den Übergang
zu Unterkomplexen vornehmen, die ihrerseits neue Dialogformen,
weitere Benutzermodi, spezielle Service-Operationen und besondere fachbezogene Leistungen beinhalten. Sie stellen den eigentlichen Gegenstand von Komplexitätsanalysen mit der in Teilab-

schnitt 2d) dargestellten Methode dar, da ihre semantische Beschreibung das Spektrum der Benutzungsmöglichkeiten einer aktuellen Implementierung eines MEBA-Systems beinhalten und da der praktische Zweck der Analysen des vorliegenden Teilabschnittes darin besteht, einem Benutzer Kriterien in die Hand zu geben, sein Fachvorhaben vom Rechenzeitverbrauch aus gesehen im voraus abzuschätzen.

In der Software-Struktur, die durch die Komplexitätsebenen (K1), (K2) und (K3) gegeben ist, liegt ein besonderer Wert: Durch Auswechseln des Inhaltes von (K3) und durch Festlegung einer dazu passenden Kommandosprache kann eine völlig neue Ausprägung des Steuersystems MEBA ohne großen softwaretechnischen Aufwand erzeugt werden. In diesem Sinne ist das Steuersystem MEBA "generalisiert" oder "problemunabhängig".

<u>Zu (K4)</u>: Die elementaren Dienstroutinen stellen Unterprogramme dar, die aus Zweckmäßigkeitsgründen erstellt werden und die eine gewisse elementare Dienstleistung, wie z.B. Ausgabe von Fehlernachrichten, Durchführung von Messungen etc. beinhalten.

<u>Zu (K5)</u>: Die maschinenabhängigen Routinen erster Art des MEBA-Systems stellen die unterste Komplexitätsebene dar, die beim Zusammenbau der Routinen der anderen Komplexitätsebenen herangezogen werden.

Abb. 18 zeigt den Modulaufbau des Steuersystems als Schalenmodell.

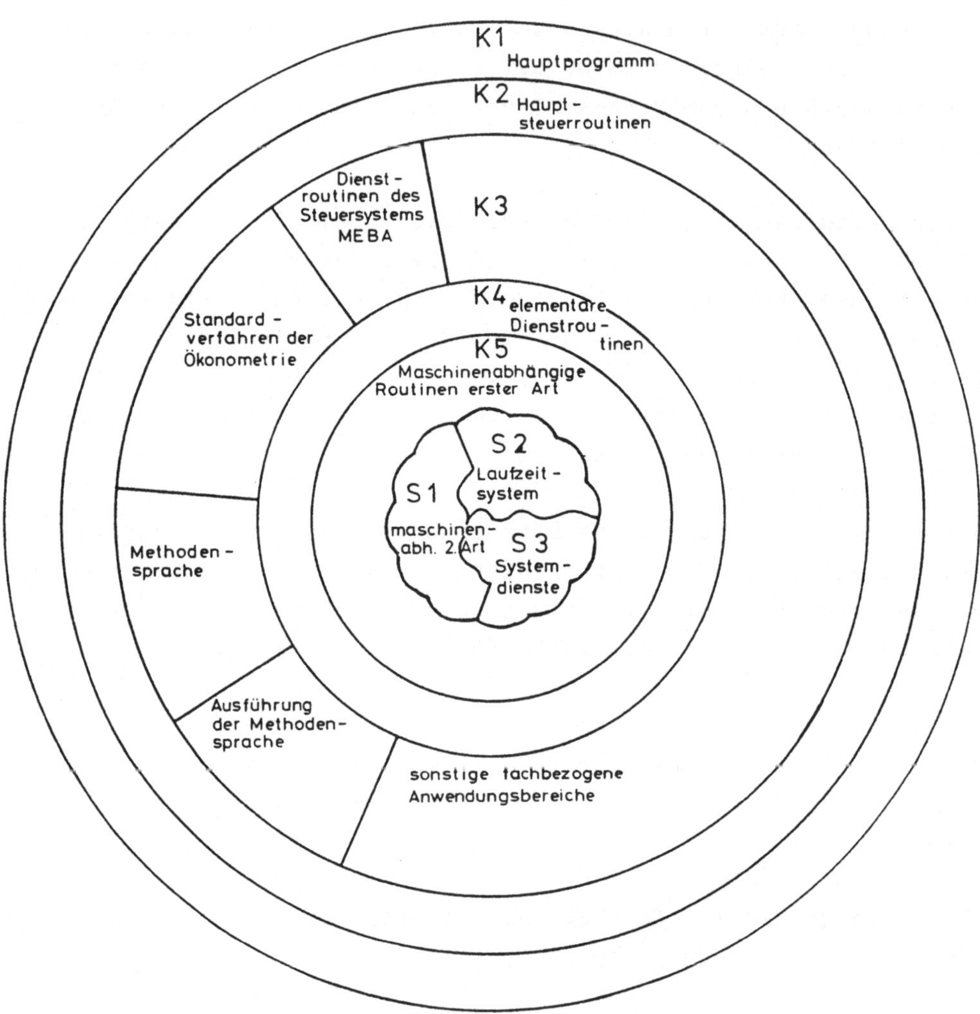

Abb. 18   Das System MEBA als Schalenmodell

ES IST BEMERKENSWERT, WELCH GROSSE ÄHNLICHKEIT ZWISCHEN DEN
METHODEN ZUR STRUKTURIERUNG VON ALGORITHMEN UND DENEN ZUR
STRUKTURIERUNG VON DATEN BESTEHT.

N. WIRTH
(VGL. 4/(WIRTH75), P. 222)

c) Datenstruktur

Bei der Beschreibung des MEBA-Systems wurde zur Beschreibung der
Datenstrukturen eine simple, aber wirkungsvolle, da leicht ver-
ständliche, Technik in Form von Tabellen verwendet (vgl. (H3)).
Diese kann - basierend auf dem Begriff der Arboreszenz (vgl. 4/
(MUEL75)) - formal analysiert werden. Die Anregungen hierzu
gehen auf einen Übersichtsartikel von W.C. McGEE zurück, der
mehrere Datei-Verarbeitungssysteme analysiert (vgl. 6/(MCGE69)).

Zeitreihen: Die wichtigste Datenstruktur, auf der die in der
"ökonometrischen Methodenbank" enthaltenen Verfahren operieren,
ist die Zeitreihe. Diese besteht aus

- Meßwerten,
- deskriptiven und "informativen" Texten und
- Verlängerungen.

Zur Spezifizierung der Meßwerte gehören folgende Daten:

- Datum der Aufnahme der Zeitreihe in den Datenbestand,
- letzte Änderung der gespeicherten Zeitreihe,
- Anfangsdatum der Meßwerte,
- Periodizität der Meßwerte,
- Anzahl der Meßwerte,
- Dimension der Meßwerte,
- Authentizitätsgrad der Meßwerte,
- die Meßwerte selbst.

Dabei wird unter dem Authentizitätsgrad angegeben, ob die gespeicherten Meßwerte irgend einer Art von Veränderung unterworfen
worden sind. Z.B. wird bei lückenhaften Meßwerten oft dazu über-

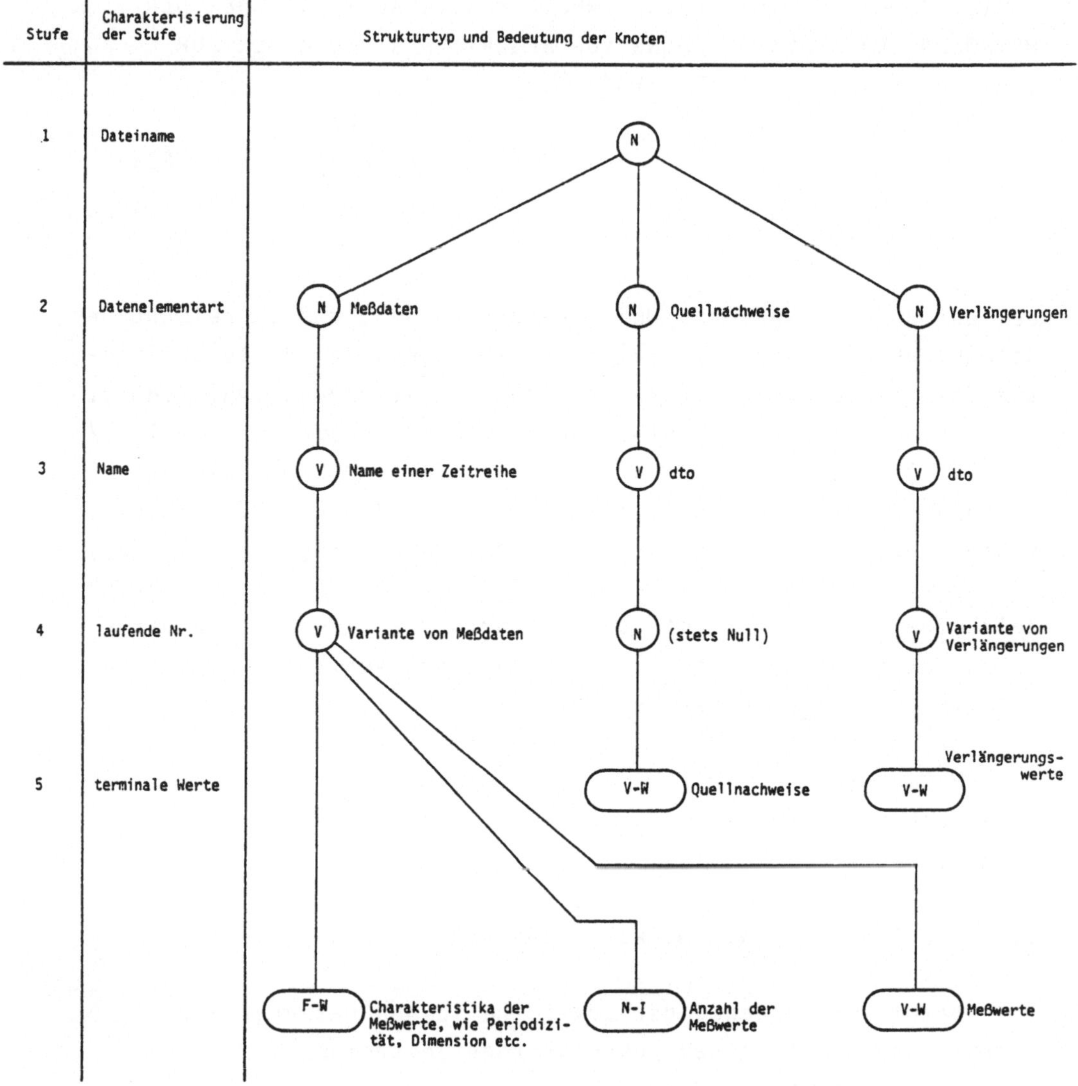

Abb. 19   Arboreszenz der Zeitreihen

gegangen, die Lücken durch irgendwie berechnete Werte (z.B.
gleitende Durchschnitte) zu füllen. Um bei allen darauf auf-
bauenden Verarbeitungen wenigstens die Existenz derartiger
Datenmanipulationen verfolgen zu können, ist es nicht nur ratsam, sondern auch aus Gründen der methodischen Klarheit unbedingt erforderlich, ein geeignetes Kennzeichen bis hin zur Aufbereitung und Sichtbarmachung von Rechenergebnissen in Computer-
Listen mitzuführen.

Neben den die eigentlichen Meßwerte beinhaltenden Datenelementen
ist es zweckmäßig, die Quellennachweise der einzelnen Zeitreihe
abzuspeichern.

Oft werden die eigentlichen Meßwerte einer Zeitreihe durch geeignete Rechenvorschriften (z.B. Prognose- und Extrapolations-
verfahren, gleitende Durchschnitte) verlängert. Hierbei ergeben
sich Folgen von Einzelwerten, die man als "Verlängerung einer
Zeitreihe" bezeichnet.

Dateikonzept: Das Dateikonzept des MEBA-Steuersystems umfaßt
drei Organisationsformen:

- MEBA-Standardorganisation für die MEBA-Zentraldatei (MZD),
  MEBA-Benutzerdatei (MBD), MEBA-Arbeitsdatei (MAD) und die
  öffentliche Dateien (ODS, ODSE),
- Organisation der MEBA-Verwaltungsdatei (MVD),
- Organisation der MEBA-Protokolldatei (MKD).

In den letztgenannten beiden Fällen werden Sätze fester Länge
gespeichert, im erstgenannten Fall Sätze variabler Länge. Ein
derartiger Satz wird als Datenelement bezeichnet und durch
einen dreistufigen Schlüssel wiedergefunden, der Art, Name und
laufende Nummer (Versionsnummer) bezeichnet.

Die Entwicklung des Dateikonzeptes des MEBA-Steuersystems ging
von folgenden Grundsätzen aus:

- Der Zweck des zu entwickelnden Softwaresystems ist die Steuerung von Zugriffen auf eine Methodenbank. Die dabei auftretenden Fragestellungen sind nicht mit den Problemen der Strukturierung, Speicherung und Sicherung von Daten zu vermischen
  (Methodenbanksystem versus Datenbanksystem).

- Die Elemente einer Methodenbank (z.B. mathematisch-statistische
  Bausteine) operieren auf u.U. komplex strukturierten Daten (z.B.
  statistischen Daten, Zeitreihen). Ein Methodenbank-Steuersystem
  muß jedoch den Betrieb derartiger Bausteine ermöglichen.

- Datenbestände, auf denen Elemente einer Methodenbank operieren,
  existieren häufig in Datenbanken. Es tauchen somit Fragen des
  Extrahierens von Daten hieraus und des Bildens geeigneter
  Schnittstellen für E/A-Operationen auf.

Hieraus wurde die MEBA-Standard-Datenorganisation abgeleitet. Zunächst wurde davon ausgegangen, daß über einen geeigneten Schlüssel Datensätze variabler Länge (Datenelemente) im direkten Zugriff
geschrieben bzw. wiedergefunden werden sollen.

Diese Datensätze haben eine willkürliche Struktur, können jedoch
in Klassen (Elementarten) eingeteilt werden. Innerhalb einer Elementart werden die einzelnen Objekte durch Namen (starr festgelegt auf acht Zeichen) und innerhalb eines Namens durch ggf. laufende Nummern (Versionsnummer) unterschieden. Dieser hieraus
resultierende dreistufige Schlüssel steht den Benutzern des Systems auf allen Sprachebenen zur Verfügung.

Für jede Elementart von Datenelementen, die verwendet werden
soll, wird in Form einer Tabelle der prinzipielle Aufbau des entsprechenden variabel langen Datensatzes beschrieben (definiert),
wofür in 1/(HAUE76), eine simple, maschinen-(betriebssystems-)
unabhängige Notation gewählt worden ist. Aus Sicht des Steuersystems wurde bei der Festlegung der Datenelementarten zwischen
"Systemdatenelementen" und "Problemdatenelementen" unterschieden.
Beide Kategorien sind erweiterbar, d.h. es ist einem Benutzer
beispielshalber möglich über den Befehl EINGABE neue Datenele-

mentarten einzuführen, und über die Verwendung spezieller Elemente der Methodenbank mit diesen Operationen auszuführen. Ebenso wäre es bei Erweiterungen und Strukturänderungen des MEBA-Steuersystems über das Design neuer Systemdatenelemente möglich, weitere Steuerfunktionen darin zu integrieren, woraus für das MEBA-Steuersystem die Attribute

- *"in gewissen Grenzen leicht erweiterbar (offen)"* und
- *"in gewissen Grenzen an neue Aufgabenstellungen adaptierbar"*

resultieren.

Aus Portabilitätsgründen erfolgt die E/A der Datenelemente nicht formatgesteuert. Die Zugriffe werden unter Steuerung des ZSB über einen Identifikationsblock und über Suchtabellen, die bei gewissen Betriebssystemen (z.B. TR440/BS3) auf der Datei als besondere Datensätze abgespeichert werden, organisiert. Der Identifikationsblock enthält neben Verwaltungsinformation (wie z.B. Datum der letzten Reorganisation der Datei) gewisse Hinweisfelder, über die eine bevorzugte Behandlung gewisser Datenelementarten zwecks Minimierung der E/A-Zeiten von den beiden E/A-Routinen

- Lesen eines Datenelementes und
- Schreiben eines Datenelementes

erfolgen kann. Der Aufbau der Suchtabellen hängt u.a. von der verwendeten Basis-Zugriffsmethode des jeweiligen Betriebssystems und der angewandten Suchstrategie ab.

<u>Strukturtyp von Dateien:</u> Ausgangspunkt der Überlegungen ist der Begriff der Arboreszenz oder des Wiener-Objektes, wie er von J. MÜHLBACHER (vgl. 4/(MUEH75), p.51ff) beschrieben worden ist. Um nicht gezwungen zu sein, für die Zwecke der folgenden Ausführungen zweitrangige grafentheoretische Einzelheiten anführen zu müssen, wird hier auf eine formale Definition dieses Begriffs verzichtet. (Im Glossar ist jedoch die in 4/(MUEH75) enthaltene Definition wiedergegeben.) Grafisch ist eine Arboreszenz als Baum-

struktur darzustellen, wobei die Knoten eindeutig einer Hierarchieebene angehören. Dabei kann man sich vorstellen, daß auf einer Hierarchiestufe eine Gruppe von Knoten ähnliche oder gleiche Bedeutung haben, wo folgende Fälle eintreten können:

- Fall N : ein Knoten tritt genau einmal auf.
- Fall F : ein Knoten tritt mit einer festen Anzahl von Wiederholungen auf.
- Fall V : Ein Knoten tritt mit einer variablen Anzahl von Wiederholungen auf.
- Fall O : Das Auftreten eines Knotens ist optional.

Bezeichnet man durch Setzen von Klammern die einzelnen Hierarchiestufen, so hat man eine rekursive Methode, Dateien zu beschreiben. Diese Notation geht auf W.C. McGEE (vgl. 6/(MCGE69)) zurück.

So ist ein sehr häufiger Fall, der in der "kommerziellen EDV", z.B. bei Personalbestandsdateien anzutreffen ist, eine Datei mit der Struktur

$$N(V(G)),$$

wobei

$$G = X, X, \ldots X$$
$$X = Y \text{ oder } Y(G)$$
$$Y = N \text{ oder } F$$

ist. Anschaulich bedeutet dies, daß auf der Hierarchiestufe 1 ein Knoten liegt, der die Datei repräsentiert. Der Eintrag auf Stufe 2 bezeichnet z.B. einzelne Sätze, die beliebig (variabel) oft in der Datei auftreten können. Der Eintrag auf der dritten Stufe bezeichnet die Felder und Unterfelder der einzelnen Sätze.

Der Strukturtyp, der der "Standard-Datenorganisation" des Steuersystems MEBA (vgl. 1/(HAUE76)) zugrunde liegt, hat folgende Gestalt:

$$N(V(V(V(G))))$$

wobei

$$G = X,X,\ldots X$$

```
X = X oder Y (G)
Y = N oder F oder O oder V
```

Die Symbole V auf der zweiten, dritten und vierten Stufe bezeichnen Art, Name und laufende Nummer eines Datenelementes, der Grundstruktur, auf die alle auftretenden Datenstrukturen abzubilden
ein Teil der Entwurfsarbeit beim System MEBA war.

Um die Strukturierung von Datenelementen zu erleichtern, werden
aus den Gruppen G Unterstrukturen herausgelöst, indem an ihrer
Stelle ein Verweisfeld angelegt wird, und indem die Unterstruktur
als neues Datenelement in die Datei eingefügt wird. Außerdem werden zur Vereinfachung der Verarbeitung in einigen Datenelementen
Felder angelegt, die verdichtete, aber an sich redundante Information enthalten (wie z.B. Anzahl der bei der Spezifikation eines
ökonometrischen Modells verwendeten Variablennamen). Somit ergeben sich in den hier betrachteten Arboreszenzen drei Typen terminaler Felder:

    Typ P : Verweise auf andere Datenelemente
    Typ I : Werte mit redundanter, verdichteter Information
    Typ W : sonstige Werte

In Erweiterung der bisherigen Notation wird bei einem terminalen
Knoten an seine Typbezeichnung durch Bindestrisch getrennt ein
Typ eines Wertes angefügt, also z.B. F-W.

Formale Beschreibung einer Datei mit Zeitreihen: Eine Datei, die
nur Zeitreihen gemäß obiger Analyse enthält, hat folgenden Strukturtyp:

Strukturtyp	Stufe	Bedeutung
N	1	Datei
N	2	Datenelement mit Meßdaten
V	3	Name einer Zeitreihe
V	4	laufende Nummer einer Zeitreihe
F-W	5	Felder, die die Periodizität, die Dimension etc. einer Zeitreihe enthalten

N-I	5	Anzahl der Meßwerte
V-W	5	Meßwerte
N	2	Quellnachweis einer Zeitreihe
V	3	Name einer Zeitreihe
V	4	laufende Nummer einer Zeitreihe
V-W	5	Felder mit Texten
N	2	Verlängerung einer Zeitreihe
V	3	Name einer Zeitreihe
V	4	Identifikationsnummer
N-I	5	Anzahl der Verlängerungswerte
V-W	5	Verlängerungswerte

Zusammengefaßt ergibt sich also:

N(N(V(V(F-W,N-I,V-W))),N(V(V(V-W))),N(V(V(N-I,V-W))))

Abb. 19 enthält eine zu obiger Tabelle äquivalente grafische
Darstellung. Dabei werden die nichtterminalen Knoten durch Namen
identifiziert, deren Wertebereiche in der Dokumentation des
Steuersystems MEBA definiert sind. Z.B. werden die Knoten der
Stufe 2 durch folgende vierstellige Zeichenfolgen identifiziert:

ZREI	Datenelementart "Meßdaten"
ZQEL	Datenelementart "Quellnachweis"
ZVER	Datenelementart "Verlängerung"

Ebenso werden die Wertebereiche der terminalen Knoten genau festgelegt. So ist z.B. geregelt, welche Werte das Feld "Authentizitätsgrad" enthalten darf und was die einzelnen Werte bedeuten.

Aus Gründen der Portabilität und mit Rücksicht auf die verwendete
Implementierungssprache FORTRAN treten beim Definieren derartiger
Wertebereiche nur folgende elementare Datentypen auf:

- ganze Zahl (in FORTRAN:INTEGER),
- Gleitpunktzahl (in FORTRAN:REAL bzw. DOUBLE PRECISION),
- Zeichen.

Dabei wird das Einhalten der von der Hardware und der Betriebs-
systemsoftware gesetzten Restriktionen bezüglich der Wertebe-
reichsschranken (z.B. kleinste und größte darstellbare Zahlen)
und Ordnungsrelationen (z.B. Vergleichssequenzen bei Zeichen)
von der Software des MEBA-Systems selbst kontrolliert. (Vgl. z.B.
die Verwendung der Größen eps, tol und eta bei numerischen Algorithmen).

Die meisten der an terminalen Knoten auftretenden Datentypen
sind Unterbereichstypen der elementaren Datentypen (gemäß der
von N. WIRTH in 4/(WIRT75) verwendeten Terminologie). Dies ist
z.B. beim Unterbereichstyp "Monatsangabe" der Fall, der folgendermaßen definiert ist:

- übergeordneter elementarer Datentyp: INTEGER
- Wertebereich: jjmm mit $1 \leqslant mm \leqslant 12$ und $0 \leqslant jj \leqslant 99$
  Illegal ist also z.B. die Angabe 7713.

Gemeint ist damit eine Jahresangabe von 1900 bis 1999 und eine
gültige Monatsangabe. Ein anderer terminaler Wertetyp kann z.B.
eine relative Positionsangabe in einer Umschlüsselungstabelle
sein. Dies ist etwa für die Dimensionsangaben einer Zeitreihe
der Fall, welche in einer in einem besonderen Datenelement enthaltenen Umschlüsseltabelle enthalten sind.

Wertung der Methode der Strukturtypen: Die Implementierung eines
Strukturtyps bietet die Möglichkeit, diese so einzurichten, daß
an jedem Knoten eine Namensvergabe möglich ist, so daß aus dem
Gesamtverband einer Datei Unterelemente (Subfiles) über Namen
jederzeit angesprochen werden können. Beim MEBA-System z.B. ist
ein Datenelement durch vier "Koordinaten" bestimmt, denen jeweils ein eigener Name zugeordnet wird:

- Name der Datei,
- Art,
- Name,
- laufende Nummer.

So können z.B. alle Datenelemente einer Art in einer Datei angesprochen werden (z.B. durch einen Lösche- oder Kopiere-Befehl).

Die Implementierung solcher Möglichkeiten, Namen zu vergeben,
verursacht einen gewissen softwaremäßigen Aufwand, der auf die
durch ein Problem gegebenen Strukturtypen zugeschnitten werden
sollte. Die Analyse solcher Strukturtypen gehört jedoch zu den
Grundaufgaben eines Softwareentwurfes. Es ist für die Tragfähigkeit eines Designs nichts schlimmer, als wenn an dieser Stelle
Fehler oder Auslassungen eingetreten sind.

*Es ist daher als software-technologische Maxime zu fordern, daß
man sich schon sehr früh bei der Anfertigung von Software-Ent-
würfen über die zu erwartenden Strukturtypen Klarheit verschafft.*

Aufbauend hierauf sind geeignete Objekte zum Lesen und Schreiben
dieser Strukturtypen als "fundamentale" Routinen zu definieren.
Diese können dann als "Elementarprozeduren" betrachtet werden,
die ein leichtes, fast zwangsläufiges Konstruieren problembezo-
gener Softwareteile ermöglichen.

Jede Programmiersprache limitiert die in ihr syntaktisch gegebenen Strukturtypen von Dateien. So ist z.B. die durch die FORTRAN-
Anweisungen DEFINE FILE festgelegte Struktur von der Formel

$$N(V(G)),$$

wobei auf der zweiten Hierarchiestufe nur natürliche Zahlen als
Namen zugelassen sind.

Eine Implementierung des Strukturtyps

$$N(V(V(V(G))))$$

auf dieser Basis würde z.B. eine Abbildung (Hash-Code) des Namens,
der sich aus der Verkettung der Namen der zweiten bis vierten
Stufe ergibt, auf eine natürliche Zahl erfordern. Effizienzan-
forderungen verbieten jedoch oft eine derartige Vorgehensweise.

Verallgemeinert man die bisherigen Erörterungen über die Frage
der Strukturierung und Beschreibung von Daten, so ergibt sich
beim Aufbau einer Methodenbank folgendes generalisiertes Verfahren:

Die <u>Organisation der Zugriffe</u> auf Daten erfolgt auf drei Ebenen:

- problemorientierte Datenstrukturen,
- Arboreszenzen,
- Basis-Zugriffsmechanismen eines Betriebssystems.

Die <u>Realisierung der Zugriffsmechanismen</u> erfolgt somit über drei
hierarchisch geordnete Mengen von Routinen:

- Zugriffe auf je eine problemorientierte Datenstruktur,
- Zugriffe auf n-stufig gegliederte Arboreszenzen mit
  einer Syntax zur Namensvergabe der einzelnen Knoten,
- Elementare Zugriffsroutinen, die die Zugriffsmechanismen
  (z.B. Macro-Aufrufe) der einzelnen Betriebssysteme enthalten.

Bei einem geschickten Design, das die Kenntnis der Zugriffsmechanismen mehrere Betriebssysteme voraussetzt, kann man die letztgenannte Menge von Routinen so anlegen, daß sie hinsichtlich
ihrer Portabilität im Kreise der in Betracht gezogenen Betriebssysteme als maschinenabhängige Routinen erster Art fungieren,
so daß die beiden darüberliegenden Klassen von Zugriffsroutinen
voll portabel sein können.

Die <u>Beschreibung der Datenstrukturen</u>, die in einem Methodenbanksystem zu verwenden sind, erfolgt auf der Grundlage der Arboreszenzen, die mit der o.g. zweiten Klasse von Zugriffsroutinen
innerhalb eines Steuersystems implementiert sind. Dabei sind
bei den nicht-terminalen Knoten die Wertebereiche der zugehörigen Namen genau festzulegen. Ferner ist den Knoten innerhalb
eines Strukturtyps, welche auf gleicher Stufe stehen, eine ge-
meinsame Bedeutung zuzuordnen. Bei den terminalen Knoten sind
elementarer Datentyp, Wertebereich und Bedeutung der einzelnen
Felder anzugeben. Ferner muß zu jeder so beschriebenen Daten-

struktur angegeben werden, welche Operationen auf ihr zulässig
sind. Dies führt in der Regel dazu, daß gesagt wird, welche der
Elemente der o.g. ersten Klasse von Zugriffsroutinen auf die jeweilige Datenstruktur anwendbar ist. Eine so beschriebene Datenstruktur sei für das folgende als <u>problemorientierte Datenstruk-
tur</u> bezeichnet.

Die <u>Festlegung der problemorientierten Datenstrukturen</u> ist ein
fachspezifisches Problem, welches beim Aufbau einer dazugehöri-
gen Menge von Bausteinen (im Sinne wiederverwendbarer Werkzeuge)
auftritt und dort gelöst werden muß. Hier ist jedoch eine andere
Beschreibung von Datenstrukturen erforderlich, als die implemen-
tierungsabhängige Vorgehensweise, die auf die zweite Hierarchiestufe der o.g. Zugriffsroutinen zurückgreift. Den Mechanismus
dieser Beschreibung liefert ein Bausteinprogrammierer selbst. In
der Praxis bedeutet dies, daß für jeden problemorientierten Datentyp folgendes angegeben wird:

- Namen von Routinen, die auf einem problemorientierten Datentyp
  zugreifen,
- für jede Routine eine Parameterliste.

Die Routine kann i.a. vom Bausteinprogrammierer selbst nicht erstellt werden, da von ihm nicht vorausgesetzt werden kann, daß
er die Realisierung der Zugriffsmechanismen eines Methodenbanksystems kennt. Hiermit kann also erreicht werden, daß eine zusammengehörige Menge von Bausteinen Datenstrukturen verwenden
kann, ohne auf die Implementierung der Zugriffe hierauf und auf
die Organisationsformen von Datenbasen, in denen die zugehörigen
Daten gespeichert sind, Rücksicht nehmen zu müssen.

Die Aufnahme von Bausteinen in eine bestehende Methodenbank bedeutet also im allgemeinsten Fall die Erstellung von Zugriffsroutinen für die davon verwendeten problemorientierten Datenstrukturen gemäß den mitgelieferten Spezifikationen des Bausteinprogrammierers.

Diese Überlegungen geben Anlaß, über die Frage des Begriffes
"Baustein" nochmals nachzudenken. Es ist eine nicht unbedingt
notwendige, aber für viele Fälle der Praxis durchaus billige
Forderung, wenn verlangt wird, daß ein Baustein als wiederver-
wendbares Werkzeug portabel, d.h. von den besonderen Eigen-
heiten einer Hardware und eines Betriebssystems unabhängig ist.
Eine andere Art von Abhängigkeit eines Bausteins von seiner Umgebung besteht in den Daten, die er verarbeitet und die in Dateien oder Datenbanken gespeichert sind.

Anwendungsprogramme sollten weitgehend unabhängig von Zugriffs-
strategien auf gespeicherte Daten, sowie von der Struktur ihrer
Speicherung sein. Es soll also eine gegebene Datenorganisation
möglichst keinen Einfluß auf die Struktur von Anwendungsprogram-
men haben. Aus dieser Forderung heraus begründet z.B. C.J. DATE
die Entwicklung von Datenbanksystemen. Es soll also die Möglichkeit gegeben sein, Speicherstrukturen und (oder) Zugriffssstrate-
gien ändern zu können, ohne existierende Anwendungen modifizieren
zu müssen (vgl. 4/(DATE75), p.7).

Es ist daher eine wohlbegründete Forderung, eine Bausteinbibliothek so einzurichten, daß der Übergang zu unterschiedlichen Datenbasen nicht in eine völlige Neuprogrammierung einer Baustein-
sammlung ausartet, sondern daß lediglich an normierten Anschluß-
stellen Anpassungen erforderlich sind. Um eine derartige Unabhängigkeit von Bausteinen und Datenbanken bzw. Dateien zu erreichen, ist es zweckmäßig, eine hierarchische Modulstruktur
einzurichten, ganz analog dazu, wie dies z.B. notwendig war, um
Portabilität zu erreichen:

1) <u>Von der Datenorganisation vollständig unabhängige Routinen:</u>

    Eine Routine dieser Klasse ist dadurch definiert, daß sie
    selbst keine unmittelbaren Zugriffe auf Dateien vornimmt.
    Die externen Daten erhält sie über Parameterlisten von auf-
    gerufenen und rufenden Programmen oder über Kernspeicherbe-
    reiche (z.B. COMMON). Auf eben diese Weise gibt sie auch Da-
    ten an die Umgebung weiter.

Eine Routine dieser Klasse ruft nur Routinen dieser oder der nächst folgenden Klasse auf.

2) <u>Zugriffsroutinen auf problemorientierte Daten:</u>

Diese Routinen bilden die Datenbereiche, die in Routinen der vor genannten Klasse auftreten, auf eine gegebene Datenorganisation ab. Es gehört zur Aufgabe eines Bausteinprogrammierers zwar die Aufrufe und Bedeutung dieser Routinen festzulegen, jedoch nicht unbedingt, diese Routinen zu programmieren.

3) <u>Zugriffsroutinen auf Dateien bzw. Datenbanken:</u>

Um die Routinen der letztgenannten Klasse so leicht wie möglich erstellen zu können, ist es zweckmäßig, eine Klasse von Routinen bereit zu haben, die Zugriffe auf eine bestehende Datenorganisation vornehmen können.

2. Portabilität

Im folgenden wird berichtet, wie auf der Basis der prinzipiellen Überlegungen (X1) bis (X7) die Portabilität des Systems MEBA erreicht worden ist und mit welchen Schwierigkeiten die Realisierung der maschinenabhängigen Routinen 1. Art behaftet war.

a) Die Verwendung von FORTRAN

Es wird in der folgenden Darstellung direkt auf die Gliederungspunkte (X1) bis (X5) bezug genommen.

<u>Zu (X1):</u> Die Übertragung der Quellprogramme erfolgt auf Magnetbändern. Obwohl die Verwendung von Magnetbändern einer Datenübertragung international genormt ist, ist das Transportieren von Daten hierüber immer noch mit Schwierigkeiten behaftet, die in der Regel darin zu suchen sind, daß die existierenden Normungen von den vorhandenen Dienstroutinen nicht überall konsequent genug befolgt werden.

<u>Zu (X2)</u>: Die Verwendung von Codes zur Zeichendarstellung ist im
MEBA-System an zwei Stellen von Bedeutung:

- Zeichenvorrat zur Formulierung der voll-portablen Quelltexte
  in FORTRAN IV
- Zeichenvorrat zur Fourmulierung der Eingaben in Batch und
  Dialog

Im ersteren Falle werden verwendet:

26 Buchstaben: A - Z
10 Ziffern: 0 - 9
10 Sonderzeichen:

   . Punkt
   , Komma
   + Plus
   - Minus
   ✳ Stern
   / Schrägstrich
   (Klammer auf
) Klammer zu
   = Gleichheitszeichen
   ß Leerstelle

Die Verwendung dieser Zeichen entspricht ihrer Bedeutung in
FORTRAN IV.

Im zweiten Falle haben folgende Zeichen spezielle Steuerfunktionen:

Zeichen	Bezeichnung	Funktion
<	spitze Klammer auf	Beginn einer Befehlseingabe
[	eckige Klammer auf	dito
>	spitze Klammer zu	Ende einer Befehlseingabe
]	eckige Klammer zu	dito
;	Semikolon	Anweisungsende bei der Methoden-sprache
&	kaufmännisches Und	Übergang zum Hilfemodus

Die spitzen und eckigen Klammern sind in ihrer Bedeutung
äquivalent. Sie wurden eingeführt, da nicht an allen Eingabegeräten spitze bzw. eckige Klammern vorhanden sind.

Die Auswahl von steuerungsrelevanten Zeichen ist unter folgenden
Gesichtspunkten erfolgt:

- Ist das Zeichen auf allen in Frage kommenden Eingabegeräten
  vorhanden?
- Wird das Zeichen von einem der verwendeten Betriebssysteme
  als Steuerzeichen betrachtet?

<u>Zu (X3)</u>: Die voll-portable Software des MEBA-Systems ist in einem
Subset von FORTRAN IV geschrieben, der im folgenden kurz dargestellt wird. Seine Entstehung und Anwendung ist nur unter prag-
matischen Gesichtspunkten zu sehen. Die Anweisungen der Sprache
FORTRAN werden dabei in drei Klassen eingeteilt:

*(X3.1) Anweisungen, die mit ggf. Einschränkungen immer benutzt
     werden dürfen.*
*(X3.2) Anweisungen, die nur nach zentraler Abstimmung mit der
     übrigen Programmierung verwendet werden dürfen.*
*(X3.3) Anweisungen, die unter keinen Umständen verwendet werden
     dürfen.*

<u>Zu (X3.1)</u>: Die erste Gruppe von Anweisungen lautet:
          (m.E. = mit Einschränkung)

```
SUBROUTINE              m.E.
INTEGER
REAL                    m.E.
DOUBLE PRECISION
DATA                    m.E.
IF                      m.E.
DO
CONTINUE
Zuweisung
CALL
GOTO
```

```
RETURN
END
```

Einschränkungen der SUBROUTINE-Anweisung:

In der Parameterliste dürfen nur Elemente der Typen REAL, INTEGER
und DOUBLE PRECISION auftreten. Eine Verwendung von Marken oder
FUNCTION-Namen bedarf besonderer Abstimmung mit der übrigen Programmierung.

Einschränkungen von REAL:

Hollerith-Texte dürfen nur als INTEGER-Variablen verwendet werden,
hierbei auch nur vier Zeichen pro Wort. Durch entwurfstechnische
Maßnahmen konnte erreicht werden, daß in sehr vielen MEBA-Pro-
grammen die Verarbeitung von Zeichen auf die Verarbeitung von je
vier Zeichen pro Wort eingeschränkt werden kann, wie z.B. auf Ab-
fragen wie
```
            IF(VAR.EQ.STD)...,
wobei:      INTEGER VAR, STD
            DATA STD/4HSTD /
```

vereinbart und vorbesetzt ist.

Einschränkungen zu DATA:

Wird einer INTEGER-Variablen Text zugewiesen, so erfolgt dies
wortweise, wobei je vier Zeichen einem Wort zugewiesen werden,
z.B.:
```
    INTEGER INAM(2)
    DATA INAM(1)/4HYAPR/,INAM(2)/4HOZ    /
```

Anstelle der Hochkommas wird die Angabe 4H gewählt, was dem ASA-
Standard entspricht. Das Auftreten von Vektoren- oder Matrizen-
namen ohne Indizes ist in der DATA-Anweisung nicht erlaubt. Hiermit wurde auf triviale Weise eine Quelle vieler Nichtportabili-
täten beseitigt.

Einschränkungen zu IF:

Die sog. "arithmetische" IF-Anweisung ist untersagt. Zur Verdeutlichung von if-then-else-Konstruktionen und zur Unterstützung eines strukturierten Aufbaus einer FORTRAN-Quelle wird folgendes Kontrollschema vorgeschlagen:

```
      IF(.NOT.(Bedingung)) GOTO lab1
  C   THEN
      Anweisungen
      GOTO lab2
  C   ELSE
 lab1 CONTINUE
      Anweisungen
 lab2 CONTUINUE
```

Bei Vergleichsausdrücken dürfen nur Variablen und Konstanten gleichen Typs miteinander verglichen werden.

Zu (X3.2): Die zweite Gruppe der Anweisungen lautet:

```
      EQUIVALENCE
      COMMON
      LOGICAL
      computed GOTO
      STOP
```

Erläuterung zu EQUIVALENCE und LOGICAL:

Da der Datentyp Struktur in FORTRAN nicht existiert, muß man sich der Überlagerung von Arrays der Typdeklarationen INTEGER, REAL und DOUBLE PRECISION bedienen. Eine besondere Rolle spielt dabei die Überlagerung von INTEGER-Variablen mit Arrays vom Typ LOGICAL*1, um aus vier Zeichen in einem Wort ein Zeichen herauszublenden, z.B.:

```
      LOGICAL*1 VW(4)
      INTEGER HILF
      EQUIVALENCE (HILF, VW(1))
```

Diese Art von Zeichenverarbeitung wurde aus Zweckmäßigkeitsgründen an einigen wenigen Stellen in der MEBA-Software zugelassen.

Die Anweisung COMMON:

Die Gefahren einer unkoordinierten Benutzung der COMMON-Anweisung bei der Entwicklung größerer Programmsysteme (vgl. SIEBERT 4/(SIEB74)) sind hinreichend bekannt; es wird dadurch die Änderungsfreundlichkeit und damit die Übertragbarkeit eines Programmsystems beeinflußt.

Computed GOTO:

Eine disziplinierte Verwendung des "computed" GOTO erhöht die Übersichtlichkeit eines Programmaufbaus. Für die unkontrollierte Benutzung dieser Anweisung gelten dieselben Argumente wie für die Anweisung COMMON.

Die Anweisung STOP:

Wann ein STOP gesetzt werden darf, ist eine zentrale Entwurfsfrage: Das System MEBA darf nur in ganz bestimmten Fällen angehalten werden.

Zu (X3.3): Alle übrigen FORTRAN-Anweisungen wurden innerhalb einer voll-portablen MEBA-Routine nicht zugelassen. Hierher gehört insbesondere die Typenvereinbarung INTEGERx2, eine unangenehme Ursache von Nicht-Portabilitäten zwischen dem Betriebssystem IBM370/OS/VS2 und SIEMENS/BS2000. Die Anweisung REALx8 wurde konsequent durch DOUBLE PRECISION ersetzt, um hier nicht eine unnötige Abweichung vom ASA-Standard zu haben.

Zu (X4): Im MEBA-System wird unter den Schnittstellen zu den Betriebssystemen der Entwurf der maschinenabhängigen Routinen 1. Art verstanden. Eine Liste dieser Routinen ist in Abb. 20 enthalten. Sie sind in folgenden Klassen gegliedert:

(X4.1) Dynamisches Binden, Starten, Laden und Versorgen von
       Bausteinen und Aktionsroutinen
(X4.2) Synchronisation der Dateizugriffe
(X4.3) Kontroll- und Enquiery-Funktionen

(X4.4) Zeichenverarbeitung und Typkonversionen
(X4.5) E/A-Operationen

Zur genauen Definition dieser Routinen wird auf die Dokumentation des MEBA-Systems (vgl. z.B. 1/HAUE76) verwiesen. Es folgen
jedoch einige Erläuterungen, die die prinzipielle Vorgehensweise
beim Erstellen des Software-Entwurfes verdeutlichen sollen.

Die Programmierung dieser Routinen erfolgt pro Betriebssystem
maschinenabhängig, in Assemblersprache oder einem im jeweiligen
Betriebssystem vorhandenen FORTRAN-Dialekt. Bei der Verwendung
von FORTRAN gelten hierbei nicht unbedingt die in (X3) genannten Restriktionen, wurden aber im Einzelfall nie ohne
zwingenden Grund verlassen. Während bei der Klasse der voll
portablen Routinen der Anspruch erhoben wird, ihren Quellcode
in FORTRAN IV für alle in Betracht gezogenen Betriebssysteme
einheitlich und nur <u>einmal</u> zu erstellen, konnte bei der Klasse
der maschinenabhängigen Routinen 1. Art eine gewisse "teilweise Portabilität" erzielt werden.

Hierbei treten folgende Fälle auf:

1) Einige Assembler-Routinen für Maschinen mit weitgehend iden-
   tischem Assembler (z.B. IBM 370 und SIEMENS) konnten von
   einer Anlage auf die andere ggf. nach geringen Modifikationen
   übernommen werden.

2) Bei den E/A-Routinen des MEBA-Systems konnte der Anteil des
   teilweise portablen Codes in FORTRAN dadurch erhöht werden,
   daß für die eigentliche E/A-Operationen Schnittstellen geschaffen wurden. Bei der Realisierung der E/A-Routinen, basierend auf einer Zugriffsmethode vom Typ ISAM, wurden z.B.
   folgende "Elementarfunktionen" festgelegt:

   - Schreiben direkt mit Schlüssel
   - Positionieren gemäß Schlüssel, bzw. auf Dateianfang und
     -ende
   - sequentiell Weiterlesen

- sequentiell Weiterschreiben
- Löschen gemäß Schlüssel
- Lesen direkt mit Schlüssel

<u>Zu (X5)</u>: Die Übertragbarkeit des für das MEBA-Systems entwickelten Entwurfes ist auf die Frage reduziert, ob die maschinenunabhängig beschriebenen (festgelegten) Routinen, die zur Klasse der maschinenabhängigen Routinen 1. Art gehören, für ein ausgewähltes Zielsystem erstellt werden können. Es handelt sich hierbei um ca. 40 Routinen.

Es bietet sich an, zu ihrer Realisierung geeignete Systemdienste auszunutzen, die die Hersteller den Anwendern gewöhnlich zur Verfügung stellen. Hierbei ist zu erwarten, daß bei Änderungen der Betriebssysteme die Art der Verwendung dieser Systemdienste möglichst nicht berührt wird. Die Wahrscheinlichkeit, bei neuen Releases eines Betriebssystems die Quellen des MEBA-Systems anpassen zu müssen, ist somit niedrig gehalten. "Tiefere" Schnittstellen zu den Betriebssystemen kennt das MEBA-System nicht.

<u>Gewichtung des Portabilitätsansatzes in MEBA</u>: Der Portabilitätsansatz in MEBA beruht, <u>qualitativ</u> gesehen, auf der Verwendung von FORTRAN (vgl. Technik (T1)) und auf der strikten Befolgung des "Vorhersageprinzips" (vgl. Technik (T1.2)). Dabei wurden die Fragen der Portabilität (X1) bis (X7) schon im Entwurf berücksichtigt. Es wurde nirgends versucht, "par force" Portabilität zu erreichen, wo man dies besser bleiben läßt, wie z.B. bei den Umwandlungen von Zeichendarstellung in binäre Darstellung. Zwischen folgenden Entwicklungszielen wurde eine ausgewogene Balance angestrebt:

- auf allen Anlagen einheitliche Benutzbarkeit des Systems
  (Portabilität für den Benutzer),
- einmalige Erstellung eines großen Teils der Software in
  vollportablem Quellcode (Portabilität des Codes),
- einheitliche Implementierbarkeit des Systems auf allen in
  Frage kommenden Anlagen/Betriebssystemen (Portabilität des
  Entwurfes),

- rechenzeit- und speichermäßige Effizienz,
- Erweiterbarkeit des Softwareentwurfes,
- Zuverlässigkeit der Software.

Im folgenden Abschnitt wird eine <u>quantitative</u> Gewichtung des Portabilitätsansatzes von MEBA versucht. Zum einen wird der vollportable mit dem maschinenabhängigen Code in Beziehung gesetzt. Zum anderen wird versucht, einen Weg zur Abschätzung des Übertragungsaufwandes des Systems auf ein weiteres Betriebssystem darzustellen. (vgl. auch 5/(BROW77) und 5/(COWE77))

<u>MEBA und FORTRAN77</u>: Im Jahre 1976 veröffentlichte das ANSI Sub-ä committee X3J3 einen "Draft Proposed" ANS FORTRAN 5/(ANS76), wo ein neuer FORTRAN-Standard definiert wird. Unter der Bezeichnung FORTRAN77 werden bereits im Jahre 1977 einige Compiler angeboten, z.B. von General Electric. Aufgrund einer vergleichenden Übersicht zwischen dem alten Standard und FORTRAN77 (vgl. 5/(GEC76)) kann festgestellt werden, daß die voll portable MEBA-Software auch unter FORTRAN77 einsatzfähig und portabel ist. Auf nähere Einzelheiten über die Art der Erweiterungen von FORTRAN77 gegenüber dem bisherigen Standard wird in dieser Arbeit nicht eingegangen, sondern es wird auf die zitierte Literatur verwiesen.[1]

b) Schnittstellen zu den Betriebssystemen:

Die Festlegung der maschinenabhängigen Routinen erster Art mit ihren Parameterlisten und ihrer Bedeutung war die wichtigste Entwurfsaufgabe. Dazu gehörte gleichzeitig die jeweilige Untersuchung, ob geeignete Systemdienste zu ihrer Realisierung bei den einzelnen Betriebssystemen/Rechnertypen ausgenutzt werden können, ohne daß die von den jeweiligen Herstellern festgelegten Benutzerschnittstellen durchbrochen werden müssen. Dabei wird von der Erwartung ausgegangen, daß bei neuen Releases der Betriebssysteme die in Form der Systemdienste festliegenden Schnittstellen weniger starken Änderungen unterliegen, so daß eine Neuadaption der maschinenabhängigen Routinen nicht jedes Mal, bzw. mit möglichst geringem Aufwand notwendig wird. Außerdem garantiert diese Maßnahme, daß sich neue Mitarbeiter anhand von Bro-

1) vgl. auch 5/(WOOL77) und 5/(KATZ78)

schüren und gezielter Tests in die Verwendung der notwendigen
Systemdienste rascher einarbeiten können, als wenn sie oft
nicht hinreichend dokumentierte Interna eines Betriebssystems
kennenlernen müßten. Die Idee der maschinenabhängigen Routinen
erster Art stellt eine umfassende Schnittstelle und eine linguistische Sprachebene dar, auf der die Konzeption des Steuersystems MEBA aufbaut. Ihre zur jeweiligen Maschine orientierte
"Seite" ist umfassend und flexibel genug, um Probleme bei der
Verwendung der Systemdienste auch im Falle der Weiterentwicklung
eines Betriebssystems auffangen zu können, z.B. durch gezielte
Tests, unabhängig von den übrigen Entwicklungsproblemen. Aus der
Sicht der voll portablen Routine ist diese Schnittstelle andererseits "klein" genug, um als Grundlage des Portabilitätsansatzes
im MEBA-System im Sinne einer Begrenzung des Übertragungsaufwandes auf ein neues Betriebssystem/Rechnertyp dienen zu können. Im
folgenden werden diese beiden "Seiten" dieser durch die maschinenabhängigen Routinen erster Art repräsentierten Schnittstelle
innerhalb des MEBA-Systems dargestellt. Dabei wird jedoch nicht
jedes Detail dargelegt, sondern mehr die prinzipielle Vorgehensweise erörtert.

Festlegung der betriebssystemabhängigen Funktionen: Für die maschinenabhängigen Routinen erster Art wurde wie für jedes andere
MEBA-Modul eine Parameterliste und eine verbal verfaßte Funkti-
onsbeschreibung festgelegt. Dabei mußte bei letzterer darauf ge-
achtet werden, daß in ihr keine maschinenabhängigen "Sprachele-
mente" und Begriffe auftreten. Es mußten daher eine Reihe MEBA-
spezifischer Begriffsbildungen getroffen werden, denen im Realisierungskonzept pro Betriebssystem eine betriebssystemabhängige
Bedeutung zugeordnet wurde.

Ein aus Sicht der Portabilität sehr wichtiger Bereich sind der
Begriff der Datei und das Gebiet der Dateioperationen. Nachdem
durch eine kurze Analyse die Verwendung der in vielen FORTRAN-
Dialekten auftretenden E/A-Anweisungen (z.B. DEFINE FILE) ver-
neint worden ist, wurde ein PL/1-artiger Standpunkt eingenommen.
Dabei wurde festgelegt, daß eine Datei ein Name mit dem speziellen Attribut "Datei" (FILE) ist. Daten werden auf Datenträgern,

<table>
<tr><td>1</td><td colspan="2">Dynamisches Versorgen und Starten</td></tr>
<tr><td></td><td>XZAKT</td><td>Dynamisches Versorgen und Starten von Aktionsroutinen</td></tr>
<tr><td></td><td>XZDLL</td><td>Dynamisches Versorgen und Starten von Bausteinen</td></tr>
<tr><td>2</td><td colspan="2">Synchronisation der Dateizugriffe</td></tr>
<tr><td></td><td>XZLOCK</td><td>Sperren</td></tr>
<tr><td></td><td>XZUNLK</td><td>Entsperren</td></tr>
<tr><td></td><td>XZWAIT</td><td>Warten</td></tr>
<tr><td>3</td><td colspan="2">Kontroll- und Enquiery-Funktionen</td></tr>
<tr><td></td><td>XZERR</td><td>Fehlerausgangsadresse setzen</td></tr>
<tr><td></td><td>XEMCOM</td><td>Setzen der Kontrollparameter eps, tol und eta</td></tr>
<tr><td></td><td>XZEVA</td><td>Ermitteln der Verarbeitungsart (Batch/Dialog)</td></tr>
<tr><td></td><td>XZDATE</td><td>Tagesdatum</td></tr>
<tr><td></td><td>XZTIME</td><td>Uhrzeit</td></tr>
<tr><td></td><td>XZCPU</td><td>CPU-Zeit</td></tr>
<tr><td>4</td><td colspan="2">Zeichenverarbeitung und Typkonversion</td></tr>
<tr><td></td><td colspan="2">Gemäß den PL/1-Funktionen SUBSTRING und VERIFY wurden zwei Unterprogramme zur Verarbeitung von Teilstrings festgelegt. An Konversionsfunktionen gibt es jeweils in beide Richtungen:

INTEGER   -   CHARACTER
REAL   -   CHARACTER
DOUBLE P. -   CHARACTER</td></tr>
<tr><td>5</td><td colspan="2">E/A - Operationen</td></tr>
<tr><td></td><td colspan="2">Für jede Organisationsform der MEBA-Dateien wurden vier Operationen festgelegt:

- Lesen
- Schreiben
- Einrichten
- Reorganisieren</td></tr>
</table>

Abb. 20   Die maschinenabhängigen Routinen 1. Art des MEBA-Systems

die durch <u>Datenträgerbezeichnungen</u> identifiziert werden, gespeichert. Diese können zu gewissen Einheiten, den <u>Datenmengen</u>,
die durch eine <u>Datenmengenbezeichnung</u> identifiziert werden, zusammengefaßt werden. Die <u>Organisationsform</u> der Daten sind Sätze
variabler Länge, die als <u>Datenelemente</u> bezeichnet werden. Für
Steuerungszwecke des MEBA-Systems ist pro Datei folgende Information interessant:

- Dateimengenbezeichnung,
- Dateiträgerbezeichnung,
- Verfügbarkeit (nur zum Lesen, zum Schreiben etc.),
- Passworte der Datei.

Eine spezielle maschinenabhängige Routine erster Art (XZLIDT)er-
mittelt diese Information "aus dem Betriebssystem" (d.h. BS2000:
FCB, IBM:DCB, TR440:Startsatz) und stellt diese im zentralen Da-
tenbereich (ZSB) des MEBA-System als portable Schnittstellenin-
formation bereit.

<u>Realisierung der betriebssystemabhängigen Funktionen</u>: Um die ma-
schinenabhängigen Routinen erster Art für ein Betriebssystem realisieren zu können, mußte analysiert werden, welche Systemdienste dazu verwendet werden sollten. Einige interessante Teile
dieser Untersuchung sind in den Abbildungen 21 und 22 zu finden.
Die darin enthaltenen exemplarischen Zusammenstellungen enthalten
vergleichende Aufstellungen von Begriffen, Systemdiensten und Ma-
schinenkonstanten.

Abb. 21 enthält eine Gegenüberstellung einiger im System MEBA
benötigter Begriffe der Dateiverarbeitung zu entsprechenden Begriffen in einigen Betriebssystemen. Daß hier begrifflich fundamentale Schwierigkeiten auftreten, lehrt ein Blick in die Literatur:

- MÜHLBACHER zitiert in 4/(MUEL75): "Für den Begriff Datenstruktur gibt es keine einheitliche Definition. Bisweilen
  wird er synonym mit Datei oder Datenbestand verwendet.
  (H. MAURER)"

MEBA	TR440/BS3	Elemente der Kommandosprache	IBM370/OS	Elemente der Kommandosprache	SIEMENS BS2000	Elemente der Kommandosprache
Datei	logische Geräte-nummer [1]	DATEI=nr-name[2]	DD-NAME	//$\alpha\alpha$ name	Link-Name	LINK=
Datenmengenname	Dateiname	DATEI=	Datenmengenname (data set name)	DSN=	Dateiname (file name)	FILE
Dateiträgername	Dateiträgername	TR.=	Dateiträgername (volume)	VOLUME=	Dateiträgername (device)	DEVICE
Verfügbarkeit	zum Lesen oder zum Schreiben	☐ EINSCHL.,... $\left\{\begin{array}{l}\text{LESEN}\\\text{SCHREIBEN}\end{array}\right\}$	Disposition	DISP= $\left\{\begin{array}{l}\text{NEW}\\\text{OLD}\\\text{SHR}\\\text{MOD}\end{array}\right\}$		SHRUPD=
Job Control-Kommando		STARTE DATEI EINSCHL.		DD		FILE

Fußnoten: [1] nicht bei PL/1   [2] Zuordnung im STARTE-Kommando

nr=logische Gerätenummer $\left.\right\}$ (BS3-Terminologie)

name=Dateiname

ABB. 21: VERGLEICH VON SYSTEMDIENSTEN

ABB. 21: VERGLEICH VON SYSTEMDIENSTEN

Kurztitel	MEBA	TR440/BS3	SIEMENS/BS2000
dynamisches Binden bzw. Starten	XZAKT XZDLL	Start eines Sohnoperators	LINK, UNLD
Sperren der MVD	XZLOCK	SSR 253 8 [2] (einschleusen)	Parameter LOCK beim Lesen (GETKEY) [2]
Entsperren der MVD	XZUNLK	SSR 253 24 [2] (ausschleusen)	Schreib-Macro absetzen (INSRT) [2]
Ermitteln der aktuellen Betriebsart	XZEVA	LOGICAL ASKSW [1]	TMODE
CPU-Zeit ermitteln	XZCPU	SSR 4 32	TMODE
Uhrzeit ermitteln	XZTIME	CALL ZEIT [1]	GETOD

[1] In FORTRAN verfügbar   [2] Erläuterungen im Text

ABB. 21 (FORTS.): VERGLEICH VON SYSTEMDIENSTEN

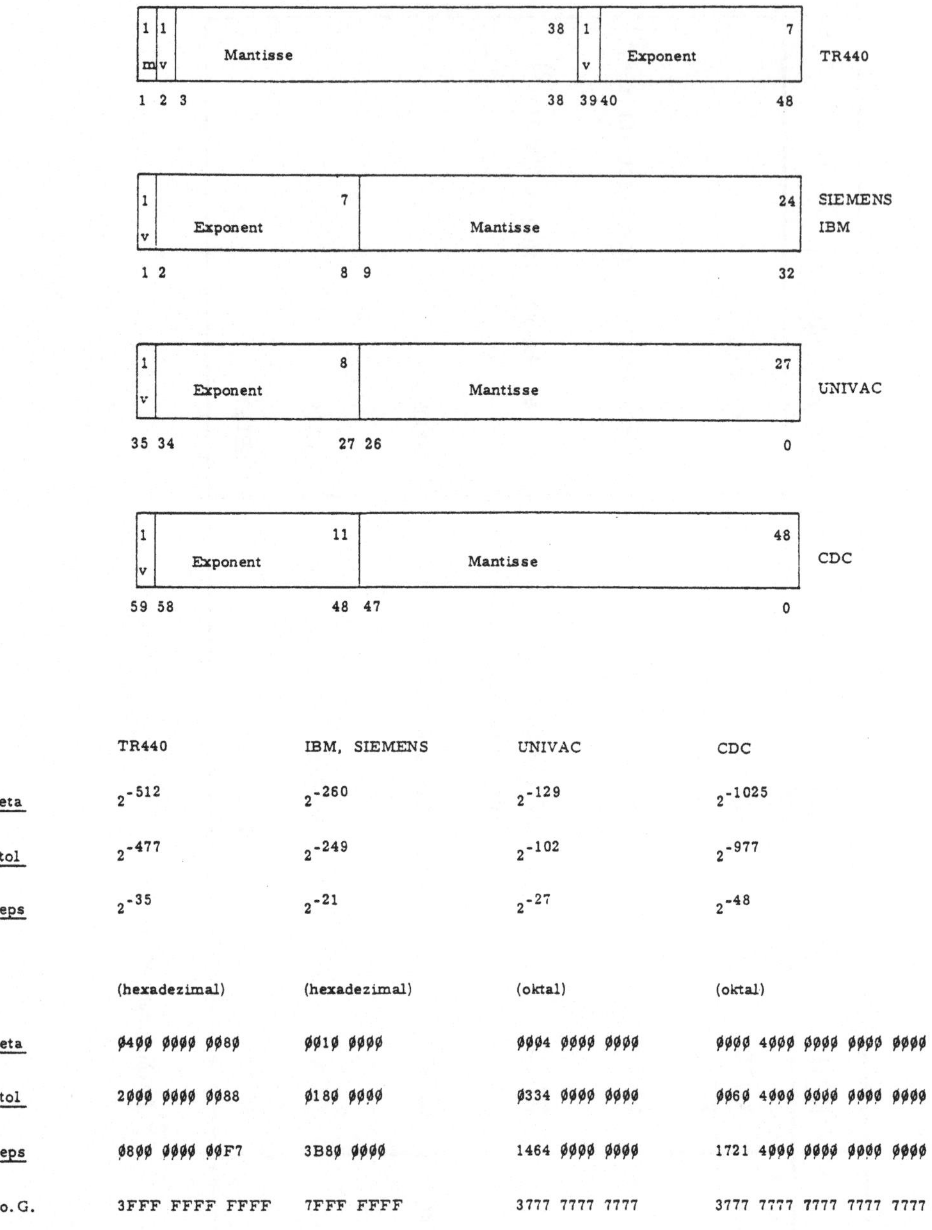

	TR440	IBM, SIEMENS	UNIVAC	CDC
eta	2^{-512}	2^{-260}	2^{-129}	2^{-1025}
tol	2^{-477}	2^{-249}	2^{-102}	2^{-977}
eps	2^{-35}	2^{-21}	2^{-27}	2^{-48}

	(hexadezimal)	(hexadezimal)	(oktal)	(oktal)
eta	Ø4ØØ ØØØØ ØØ8Ø	ØØ1Ø ØØØØ	ØØØ4 ØØØØ ØØØØ	ØØØØ 4ØØØ ØØØØ ØØØØ ØØØØ
tol	2ØØØ ØØØØ ØØ88	Ø18Ø ØØØØ	Ø334 ØØØØ ØØØØ	ØØ6Ø 4ØØØ ØØØØ ØØØØ ØØØØ
eps	Ø8ØØ ØØØØ ØØF7	3B8Ø ØØØØ	1464 ØØØØ ØØØØ	1721 4ØØØ ØØØØ ØØØØ ØØØØ
o.G.	3FFF FFFF FFFF	7FFF FFFF	3777 7777 7777	3777 7777 7777 7777 7777

o.G. = obere Grenze

Abb. 22   Maschinenabhängige Konstante

- Vergleichende Untersuchungen von Kommandosprachen - wie sie
  z.B. von der Forschungsgruppe "Job Control Language" am Institut für Informatik an der Universität Stuttgart vorgenommen worden sind (vgl. 5/(KRAY74)) - machen deutlich, wie
  schwierig es ist, allgemeine Begriffbestimmungen (z.B. DIN-
  Normen, GMD-Vorschläge, vgl. 5/(KRAY74)) auf konkrete Betriebssysteme anzuwenden.

Die Realisierung der maschinenabhängigen Routinen erster Art läßt
sich technisch in drei Gruppen einteilen. Zu jeder dieser Gruppen
sind in Abb. 21 typische Vertreter genannt. Der einfachste Fall
liegt vor, wenn für die zu realisierende Routine pro Betriebssystem ein Systemdienst herangezogen werden kann, wobei diese sich
in ihrer Funktion weitgehend entsprechen. Zur Ermittlung der aktuellen Betriebsart (= Dialog oder Batch) kann man beim System
SIEMENS/BS2000 den Macro TMODE heranziehen. Beim System TR440/BS3
kann dies durch eine dialektmäßige Erweiterung von FORTRAN (sog.
TR440:FORTRAN-Hilfsdienste) erreicht werden. Ähnlich verhält es
sich mit den Routinen zum Ermitteln von Tagesdatum, Uhrzeit und
CPU-Zeit. Es ist Aufgabe der hierzu eingeführten maschinenabhängigen Routinen erster Art, die unterschiedlichen Konventionen der
einzelnen Systemdienste auf eine einheitliche Schnittstelle abzubilden.

Ein etwas komplizierterer Fall liegt dann vor, wenn für die Realisierung einer Schnittstelle Systemdienste herangezogen werden
müssen, die von Betriebssystem zu Betriebssystem nicht vergleich-
bar sind. Dies trat bei der Realisierung des dynamischen Bindens
bzw. Startens einer Aktionsroutine oder eines Bausteins ein. Bei
der Siemens-Version des Steuersystems MEBA wurde hierzu der dynamische Bindelader DLL des Betriebssystems BS2000 herangezogen:
Mittels des Macros LINK wird ein BS2000:Modul aus einer Modulbibliothek dynamisch an das MEBA-System gebunden. Mittels des
Macros UNLD wird dieses wieder entladen. Bei der Telefunken-
Version wurde ein Systemdienst zum Start eines TR440:Sohnopera-
tors ausgenutzt. Im Zusammenhang hierzu sind jedoch weitere Systemdienste notwendig, wie das TR440:Abmelden der Stromnummern
der Dateien und der Transport von Vater und Sohnperator gemein-

sam benötigten COMMON-Bereichen in ein und aus einem Gemein-
schaftsgebiet.

Der realisierungstechnisch komplizierte Fall ist gegeben, wenn
zur Verwirklichung einer gewünschten Funktion nicht unmittelbar
eine Routine festgelegt werden kann. Dies ist bei der Siemens-
Version des MEBA-Systems gegeben, wo zur Realisierung der Funktionen "Sperren" und "Entsperren" die Programme XZLOCK und
XZUNLK leer sind, wo aber beim Lesevorgang das Macro GETKEY verwendet wird. Dabei kann über den Parameter LOCK dieses Macros
ein im Betriebssystem BS2000 vorhandener Sperrmechanismus angesprochen werden, der den erwünschten Zweck voll erfüllt. Bei
der Telefunken-Version des Steuersystems MEBA wurden zum Sperren
und Entsperren die Systemdienste des TR440:Einschleusens und Aus-
schleusens einer Datei benutzt. Dabei beinhaltet der Vorgang des
Einschleusens eine Mitteilung an die TR440:Datenorganisation,
daß eine früher erstellte TR440:Datei zugreifbar wird. Dabei
kann eine TR440:Datei immer nur von einem Benutzer zum Schreiben
eingeschleust werden.

3. Effizienzanalyse und Beurteilung

Die statischen Messungen am Steuersystem MEBA umfassen im folgenden:

- Umfang der Programmierung (Lines of Code und Zahl der Routinen),
- Größenvergleiche der compilierten und gebundenen Objekte,
- Darstellung des personalmäßigen Entwicklungsaufwandes.

Daher werden im folgenden die vier Maße a, b, c und p eingeführt:

a ist durch die Anzahl der Routinen charakterisiert;
b ist durch "Lines of Code" charakterisiert;
c ist durch Größenvergleiche des Objektcodes charakterisiert;
p ist durch den Personalaufwand charakterisiert.

Dabei kann durchaus von Maßen im Sinne der Maßtheorie gesprochen
werden (vgl. z.B. das Lehrbuch 6/(BAUE68)). Sei nämlich Q der ge-

samte Quellcode des Steuersystems MEBA. Dann ist die Menge M der MEBA-Routinen eine (echte) Teilmenge der Potenzmenge von Q. Setzen wir außerdem fest, daß die leere Menge ein Element von M ist, so können wir die Menge M_V aller möglichen Vereinigungen von Elementen aus M bilden. Insbesondere ist dann $Q \in M_V$ und mit jedem $R \in M_V$ auch $R_C \in M_V$, wobei R_C das mengentheoretische Komplement von R in Q ist. Die Menge M_V bildet hiermit einen Sigma-Ring (oder Sigma-Algebra), im Sinne der mathematischen Maßtheorie, worauf es möglich ist, Maße zu definieren.

Folgende disjunkte Teilemengen von M sind ausgezeichnet:

M_P die Menge der voll portablen Routinen,
M_1 die Menge der maschinenabhängigen Routine erster Art,
M_2 die Menge der maschinenabhängigen Routinen zweiter Art,
M_N die Menge der nicht-portablen Routinen.

Ferner sind folgende Teilmengen von Q ausgezeichnet:

Q^P der vollportable Code,
Q^1 der Code der maschinenabhängigen Routinen erster Art,
Q^2 der Code der maschinenabhängigen Routinen zweiter Art,
Q^N der Code der nicht portablen Routinen

$$(Q^N = Q^1 \cup Q^2).$$

Sei $R \in M_V$. Dann bilden wir folgende Mengen:

$$R^P = R \cap Q^P \text{ und } R^N = R \cap Q^N,$$

was den portablen Code R^P und den nicht portablen Code R^N einer Modulvereinigung R bedeutet.

Ferner bilden wir für R M_V die Mengen:

$$R_P = \{ S \in M_P : S \subset R \}$$
$$R_N = \{ S \in M_N : S \subset R \}$$

Sei A eine Menge. Dann wird mit $m(A)$ ihre Mächtigkeit bezeichnet.
Sei $R \in M_V$. Dann werden folgende Maße definiert:

$$a(R) := \frac{m(R_N)}{m(M_P)}$$

$$b(R) := \frac{m(R^N)}{m(Q^P)}$$

$$c(R) := \frac{\tilde{c}(R^N)}{\tilde{c}(Q^P)}$$

$$p(R) := \frac{\tilde{p}(R^N)}{\tilde{p}(Q^P)}$$

Dabei ist für $A \subset Q$ die Größe $\tilde{c}(A)$ die Länge des aus A mittels
eines Compilers und/oder Assemblers erzeugten Objektcodes (in
einer definierten Maßeinheit, wie z.B. Worten oder Bits). $\tilde{p}(A)$
ist die zur Erstellung von A benötigte Arbeitszeit (z.B. in
der Maßeinheit Mannstunde).

<u>Bemerkung 1:</u> Ist R eine voll portable Routine, so ist jedes der
genannten Maße Null.

<u>Bemerkung 2:</u> Es interessieren besonders folgende Größen als
<u>Portabilitätsmaße:</u>

$$a(Q) = \frac{m(M_N)}{m(M_P)}$$

$$b(Q) = \frac{m(Q^N)}{m(Q^P)}$$

151

$$c(Q) = \frac{\tilde{c}(Q^N)}{\tilde{c}(Q^P)}$$

$$p(Q) = \frac{\tilde{p}(Q^N)}{\tilde{p}(Q^P)}$$

<u>Bemerkung 3:</u> Die angegebenen Abbildungen sind Maße im Sinne der Maßtheorie auf der Sigma-Algebra M_V.

Die Maße a, b, c und p messen die Portabilität eines vorgelegten Quellcodes, vorausgesetzt, es existiert ein Konzept, welches genau festlegt, welche Softwareteile voll portabel sind. Je näher sich diese Zahlen dem Werte Null nähern, umso portabler ist ein gegebenes Stück Quellcode.

<u>Bemerkung 4:</u> Die Längenangaben der Objektcodes sind für die Version TR440/BS3 aus den Montagelisten entnommen. Das auf dieser Grundlage eingeführte Maß c kann durch redundante Quellcodes und durch Deklaration überflüssiger Variablenbereiche leicht verfälscht werden. Ebenso ist hier wie beim Maß b der Stil und die Qualifikation des einzelnen Programmierers als Einflußgröße zu nennen. Ferner sind hier Qualitäts- und Designeigenheiten der einzelnen Compiler zu nennen.

Die im folgenden genannten maschinenabhängigen Meßdaten beziehen sich auf die Telefunken- und Siemens-Versionen des Steuersystems MEBA. Diese beziehen sich außerdem auf den Stand vom 30.Nov.1977.

a) <u>Art und Umfang der Quellprogramme:</u> Die Quellhaltung des Steuersystems MEBA ist in

- voll portable Routinen,
- maschinenabhängige Routinen erster Art,
- maschinenabhängige Routinen zweiter Art und
- Implementationstexte

eingeteilt. Die voll portablen Routinen sind in folgende Dateien
untergliedert:

    RHAUPT   MEBA-Hauptprogramme
    RDIENST   elementare Dienstroutine
    RDIENST1 Aktionsroutinen für Befehlssprache
    RDIENST2 Aktionsroutinen für Systemverwalter
    RMETH   Methodensprache-Sprachübersetzer
    RMETH1   Methodensprache-Ausführung

Die maschinenabhängigen Routinen erster Art gliedern sich in
folgende vier Gruppen:

    Gruppe XB   Sprachinterpreter
    Gruppe XE   Ein- und Ausgaberoutinen
    Gruppe XZ/F   sonstige maschinenabhängige Routinen
                   erster Art in FORTRAN
    Gruppe XZ/A   sonstige maschinenabhängige Routinen erster
                   Art in Assembler

Die Routinen der Gruppe XE wurden - angeregt durch das auf dem
System TR440/BS3 implementierte Ein- und Ausgabesystem BODAT
(vgl. 6/(BUCH74)) - in weitgehend portablem Code in FORTRAN IV
geschrieben, wobei man sich bei der Realisierung der eigentlichen Ein- und Ausgabeoperationen auf eine kleine Gruppe von
maschinenabhängigen Routinen zweiter Art konzentriert hat. Diese
haben jedoch die Eigenschaft, daß ihre Schnittstellenbeschrei-
bungen maschinenunabhängig erfolgen können. Dies bedeutet aber,
daß den an sich schwierig zu realisierenden Routinen der Gruppe
XE die Eigenschaft einer "weitgehenden, jedoch nicht absoluten"
Portabilität zugeordnet werden konnte, was z.B. bei der Übertragung des Steuersystems MEBA von der Version SIEMENS/BS2000
auf die Version IBM360/370/OS/VS/TSO ausgenutzt worden ist.

Die maschinenabhängigen Routinen zweiter Art werden in FORTRAN-
Routinen (Gruppe F) und Assembler-Routinen (Gruppe A) untergliedert.

Demnach gibt es folgende Gruppen:

    Gruppe XT/F   maschinenabhängige Routinen zweiter
                   Art in FORTRAN für TR440/BS3
    Gruppe XT/A   maschinenabhängige Routinen zweiter
                   Art in Assembler für TR440/BS3
    Gruppe XS/F   maschinenabhängige Routinen zweiter
                   Art in FORTRAN für SIEMENS/BS2000
    Gruppe XS/A   maschinenabhängige Routinen zweiter
                   Art in Assembler für SIEMENS/BS2000

Neben den Quellprogrammen gibt es eine Reihe von Daten im Loch-
kartenformat, die zur Implementierung eines MEBA-Systems notwendig sind. Es handelt sich hierbei z.B. um die Texte der
Fehlermeldungen, Systemtexte für Überschriften, Syntaxtabellen
etc. Da diese in Datenbereiche von Programmen integriert sein
könnten, ist es nicht ungerechtfertigt, sie zum "Quellcode" des
Steuerrsystems MEBA zu zählen. Demnach muß zum voll portablen
Quellcode noch folgende Datei gerechnet werden:

    MEBATEXTE   Systemtexte und Steuerdaten

In den folgenden Übersichten werden "Lines of Code" zueinander
in Beziehung gesetzt, ungeachtet ob es sich um Daten, FORTRAN-
oder Assemblercode handelt. Dies ist eine grobe "erste" Näherung,
um den Anteil der portablen zur nicht-portablen Software zu messen, die jedoch nicht kritiklos hingenommen werden darf. Vielmehr
ist folgendes zu bedenken:

- Durch Einfügen von Kommentarkarten können die Lines of Codes
  beliebig aufgebläht werden. Jedoch wird hier der Standpunkt
  vertreten, daß sinnvoller Kommentar als wesentlicher Bestand-
  teil einer Programmquelle zu werten ist.
- Durch Folgekarten können Lines of Code ebenfalls künstlich
  vermehrt werden.
- Die Kommensurabilität der verschiedenen Typen von "Lines of
  Code", wie Daten, FORTRAN- und Assembleranweisungen, ist unbe-
  kannt (und soll in dieser Arbeit auch nicht untersucht werden).

- Der Aufruf eines Systemdienstes in einem Betriebssystem durch
  wenige Assembleranweisungen oder gar durch eine gegebene
  FORTRAN-Schnittstelle verfälscht das Bild gegenüber anderen
  Betriebssystemen, wo vergleichsweise mehr Codierung erforder-
  lich ist.
- Der Programmierstil der einzelnen Mitarbeiter hat erheblichen
  Einfluß auf den Umfang der Programme, sowohl hinsichtlich der
  Lines of Code, als auch hinsichtlich der übrigen Maßzahlen
  (mit der Ausnahme der Anzahl der Routinen, was bei straffer
  Projektführung ausschließlich eine Angelegenheit des Projekt-
  managements ist).

Die Abbildungen 23, 24 und 25 enthalten einen Überblick über die
Routinen des Steuersystems MEBA. Hierzu werden nun die dort enthaltenen Fußnoten erklärt:

1. Es wird die Anzahl der Routinen angegeben, die zu der jeweiligen Gruppe gehören.

2. Bei den voll portablen Routinen wird angegeben, wieviel Lines
   of Code durch die Instrumentierung der Software des Steuersystems MEBA aufgewendet worden sind. Es ist zu bemerken, daß
   nur die voll portablen Routinen des Steuersystems instrumentiert worden sind, und dies sogar nur in den vier erstgenannten Gruppen und nicht in den Teilen für die Methodensprache (RMETH und RMETH1).

3. Die Längenangaben für die Telefunken-Version des Steuersystems
   sind in der Einheit eines Halbwortes (=24 Bits) des Rechners
   TR440 gemessen. Dabei handelt es sich um die Längen der compilierten Objekte. Sie sind aus TR440:Montagelisten entnommen
   worden.

4. Die Längenangaben für die Siemens-Version des Steuersystems
   sind in der Einheit eines Bytes (=8 Bits) eines Rechners von
   RCA-Typ gemessen. Hierbei handelt es sich um die Längen der
   compilierten Objekte, die vom Compiler errechnet werden und
   in einer Statistik in der Compilerausgabe enthalten sind.

5. Die in Abb. 28 enthaltene Übersicht über die maschinenabhängigen Routinen erster Art wird in Abb. 24 und Abb. 25
   nach FORTRA- und Assembler-Routinen aufgeschlüsselt.

6. Die hier ausgewiesene Summe bezieht sich auf die gesamte
   Tabelle, faßt also die maschinenabhängigen Routinen erster
   und zweiter Art zusammen.

<u>Einfluß der Instrumentierung:</u> Interessant bei der Betrachtung
des Quellcodes des Steuersystems MEBA ist die Anzahl der Lines
of Code, die auf die Instrumentierung der MEBA-Software zurück-
geht. Abb. 23 weist diese aus. Wegen der hierbei eingeführten
Normierungen, ist es mittels eines Texteditors ohne weiteres
möglich, diese Zahlen zu ermitteln, ebenso wie es möglich ist,
die zugehörigen Softwareproben mühelos aus den Quellen zu ent-
fernen. Ferner ist zu bemerken, daß nur voll portable Routinen
instrumentiert worden sind, darunter jedoch nicht die Gruppen
RMETH (Methodenübersetzung) und RMETH1 (Methodenausführung), in
die besondere Hilfsmittel wie Rückverfolger und Dump von Variablen aufgenommen worden sind, die die Tätigkeit des interaktiven
Komponierens einer Methode unterstützen sollen (vgl. hierzu 1/
(HAUE77)).

Zur Instrumentierung der MEBA-Software wurden folgende Routinen
geschaffen:

Name	Lines of Code	Kurztitel
YYTEST	255	Ausgabe einer gezielten Testnachricht
YYTAUG	60	Ausgabe der Parameter RC und IFEHL einer maschinenabhängigen Routine 1. Art
YYMARK	44	Markierung von Beginn und Ende der Test-ausgabe einer Routine der Komplexitäts-ebene (K3).
YYMESV	37	Durchführung einer Messung von Uhr- und CPU-Zeit am Punkt "von"
YYMESD	73	Durchführung einer Messung von Uhr- und CPU-Zeit am Punkt "bis" und Ausgabe der Daten "von" und "bis" auf die Protokoll-datei.

YYTRC	70	Ausgabe einer Rückverfolger-Nachricht auf die Protokolldatei.

Zur Routine YYTAUG (Test-Ausgabe) ist zu bemerken, daß alle maschinenabhängigen Routinen erster Art per Normierung die Parameter RC(=Fehlernummer) und IFEHL(=Fehlergewicht) haben, welche von den sie aufrufenden Programmen ausgewertet werden müssen, um darauf Steuerungsaktionen aufzubauen oder diese als Fehlermeldungen "nach oben" durchzureichen. Es ist daher interessant, nach jedem Aufruf einer derartigen Routine beim Testen diese Werte sichtbar zu machen.

Die übrigen genannten Kurztitel der MEBA-Instrumentierungsroutinen, die zur Klasse RDIENST der elementaren Dienstroutinen gerechnet werden, werden als selbsterklärend betrachtet.

Es gibt 6 derartige Routinen, die insgesamt 539 Lines of Code in voll portablem FORTRAN-Code umfassen. Gemäß Abb. 23 ergibt sich also eine Anzahl von 1341 Lines of Code, die ausschließlich dem Zweck der Instrumentierung dienen. Der instrumentierte Code, das sind die Gruppen RDIENST, RDIENST1 und RDIENST2, umfaßt 12.111 Lines of Code. Der Anteil der Instrumentierung daran beträgt somit ca. 11%.

<u>Vergleich von FORTRAN- und Assemblercodierung:</u> Ein Vergleich aus Abb. 24 ergibt folgendes Bild:

TR440/BS3:

33	maschinenabhängige FORTRAN-Programme
5210	Lines of Code von maschinenabhängigen FORTRAN-Programmen
9	TAS-Programme
3109	Lines of Code von TAS-Programmen

SIEMENS/BS2000:

26	maschinenabhängige FORTRAN-Programme

Stand 30.11. 77

voll portable Routinen (bzw. Systemdaten)				
Gruppe von Routinen	Anzahl 1)	Lines of Code	davon Instrumentierung 2)	TR 440 Länge 3)	SIEMENS Länge 4)
RHAUPT	3	3.216	0	16,657	47.154
RDIENST	15	2.642	115	18.141	67.896
RDIENST1	23	5.083	350	36.224	117.792
RDIENST2	20	4.386	337	29.372	81.364
RMETH	4	4.707	0	8.720	29.472
RMETH1	12	2.441	0	16.782	56.074
MEBATEXT	-	3.077	-	-	-
Summe	77	25.552	802	125.896	399.752

maschinenabhängige Routinen erster Art				
Gruppe von Routinen	Anzahl 1)	TR 440 Lines of Code	SIEMENS Lines of Code	TR 440 Länge 3)	SIEMENS Länge 4)
Gruppe XB	3	1.766	3.137	4.535	15.372
Gruppe XE	15	2.585	2.638	14.899	45.976
Gruppe XZ	19	1.733	1.441	6.666	28.290
Summe	37	6.084	7.216	26.100	89.638

Angaben in Halbworten à 24 Bits   Angaben in Bytes à 8 Bits

Abb. 23   Übersicht über die voll portablen Routinen
           und die maschinenabhängigen Routinen 1. Art

4013   Lines of Code von maschinenabhängigen FORTRAN-Pro-
          grammen
  24   Assembler-Programm
6058   Lines of Code von Assembler-Programmen

Die Unterschiede in den Ergebnissen für die beiden Betriebssysteme liegen darin, daß bei Telefunken einige Hilfsroutinen wie
Ermitteln von Datum und Uhrzeit als FORTRAN-Calls zur Verfügung
stehen, und daß als Basis der Ein- und Ausgabeoperationen BODAT
(vgl. 6/(BUCH74)) verwendet worden ist.

b) Darstellung von Compilationsergebnissen

Die Abbildungen 23, 24 und 25 enthalten einen Überblick über
die Längen der Objektcodes. Dabei wird für die maschinenabhängigen Gruppen von Routinen das Maß c angegeben. Die angegebenen
Zahlen sind aus den Andrucken der Compiler und der Binder
(Montierer) der beiden betrachteten Betriebssysteme genommen.
Hierbei sind zunächst einige betriebssystemabhängige Erklä-
rungen notwendig.

Betriebssystem TR440/BS3: Die Auswertungsergebnisse sind aus
Montagelisten entnommen. Dort werden die einzelnen Montageob-
jekte ausgewiesen.

Betriebssystem SIEMENS/BS2000: Die Auswertungsergebnisse sind
aus Compilerlisten entnommen. Der verwendete FORTRAN-Compiler
(VERL41.4) enthält in seiner Ausgabe eine Kurzstatistik (object
summary), in der die Länge des erzeugten Objektcodes angegeben
ist.

Gegenüberstellung der beiden Betriebssysteme: Interessant ist
zunächst der Vergleich der voll portablen Routinen auf beiden
Rechnern. Multipliziert man die in der Rubrik "Länge" eingetra-
genen Zahlen mit 48 bzw. 32, so erhält man Vergleichszahlen in
der Einheit 1 Bit:

Stand 30.11.1977

maschinenabhängige Routinen erster Art

Gruppe von Routinen	TR 440/BS3		SIEMENS/BS2000		TR440/BS3	SIEMENS/BS2000
	Anzahl 1)	Lines of Code	Anzahl 1)	Lines of Code	Länge 3)	Länge 4)
1. FORTRAN 5)						
Gruppe XE	15	2.585	15	2.638	14 899	45 976
Gruppe XZ/F	17	1.678	8	743	6 540	15 988
Zwischensumme	32	4.263	23	3.381	21 439	61 964
2. Assembler 5)						
Gruppe XZ/A	2	55	11	698	126	12 302
Gruppe X B	3	1.766	3	3.137	4.535	15 372
Zwischensumme	5	1.821	14	3.835	4 661	27 674
Summe	37	6.084	37	7.216	26 100	89 638

maschinenabhängige Routinen zweiter Art

Gruppe von Routinen	TR 440/BS3		SIEMENS/BS2000		TR440/BS3	SIEMENS/BS2000
1. FORTRAN						
Gruppe XT/F	11	1.047	-	---	3 293	---
bzw.						
Gruppe XS/F	-	---	3	632	---	7 188
2. Assembler						
Gruppe XT/A	6	1.288	-	---	2.078	---
bzw.						
Gruppe XS/A	-	---	20	2.223	---	14 157
Summe	17	2.335	23	2.855	5 371	21 345
Summe 6)	54	8.419	60	10 071	31 471	110 983

Angaben in Halbworten à 24 Bits   Angaben in Bytes à 8 Bits

Abb. 24   Übersicht über die maschinenabhängigen Routinen
1. und 2. Art

```
Gruppe von
Routinen          TR440/BS3          SIEMENS/BS2000
```

Gruppe von Routinen	TR440/BS3	SIEMENS/BS2000
RDIENST	435.384	543.168
RDIENST1	869.376	942.336
RDIENST2	704.928	650.912
RMETH	209.280	235.776
RMETH1	402.768	448.592
Summe	2.621.736	2.820.784

Bei diesen Zahlen ist es notwendig, sich folgende Fakten vor Augen zu halten:

1. Es handelt sich hierbei um 74 voll portable Routinen mit insgesamt 19.259 Lines of Code.
2. Diese Routinen wurden konsequent mit dem Ziel erstellt, daß der programmierte Code ohne jede Änderung auf beiden Anlagen dieselbe Wirkung hervorruft.
3. Es tritt nur eine sehr beschränkte Teilmenge der Sprache FORTRAN in der Codierung auf. Insbesondere gibt es in dem gesamten Code keine FORMAT-Anweisung. Umfangreiche arithmetische Operationen gibt es ebenfalls nicht.

Man kann also durchaus sagen, daß die vorgelegten Zahlen auf einer umfangreichen Messung beruhen. Die untersuchten Programme sind jedoch untypisch für eine FORTRAN-Programmierung. Die wichtigsten Anweisungen sind CALL, IF und GOTO. Darüberhinaus wird die CALL-Anweisung sehr häufig zum Aufruf der maschinenabhängigen Routinen erster Art verwendet, welche aus Portabilitätsgründen teilweise eine sehr lange Liste von Parametern (zwischen 5 und 12) haben. Da ein Unterprogrammaufruf von solchen Subroutinen bei der TR440 mehr Bits erfordert, als bei der SIEMENS-Anlage, denn bei beiden Betriebssystemen ist für jede Adresse ein Wort anzulegen, wirkt sich die geschilderte Programmierweise im Mittel zuungunsten der TR440-Version aus. Ebenso verhält es sich mit der Verarbeitung von Zeichen (für Texte des MEBA-Systems), wo von der vorteilhaften Speicherungsform von 6 Zeichen pro Wort kein Gebrauch gemacht werden konnte.

Stand 30.11.77

maschinenabhängige Routinen erster Art						
Gruppen von	**TR 440 / BS 3**			**SIEMENS / BS 2000**		
Routinen	Maß a	Maß b	Maß c	Maß a	Maß b	Maß c
1. FORTRAN [5)						
Gruppe XE	0,19	0,10	0,12	0,19	0,10	0,12
Gruppe XZ/F	0,23	0,07	0,05	0,10	0,03	0,04
Zwischensumme	0,42	0,17	0,17	0,30	0,13	0,16
2. Assembler [5)						
Gruppe XZ/A	0,03	0,002	0,001	0,14	0,03	0,03
Gruppe XB	0,04	0,07	0,04	0,04	0,12	0,04
Zwischensumme	0,07	0,07	0,04	0,18	0,15	0,07
Summe	0,49	0,24	0,21	0,48	0,28	0,23
maschinenabhängige Routinen zweiter Art						
1. FORTRAN						
Gruppe XT/F	0,14	0,04	0,03	- - -	- - -	- - -
bzw.						
Gruppe XS/F	- - -	- - -	- - -	0,04	0,02	0,02
2. Assembler						
Gruppe XT/A	0,08	0,05	0,02	- - -	- - -	- - -
bzw.						
Gruppe XS/F	- - -	- - -	- - -	0,26	0,09	0,04
Summe	0,22	0,09	0,05	0,30	0,11	0,06
Summe [6)	0,78	0,33	0,26	0,78	0,39	0,29

Abb. 25   Die Portabilitätsmaße a, l und c

<u>Einfluß der Instrumentierung</u>: Um die durch die Instrumentierung
des Steuersystems MEBA verursachte Belastung abschätzen zu können, ist es wichtig zu wissen, welchen Aufwand z.B. die Soft-
ware-Probe

```
        IF(ZSB(207).EQ.3) CALL YYTAUG(IFE, ZSB, RC, 8)
```

hervorruft.

Für die beiden betrachteten Systemversionen beträgt dieser:

```
    TR440/BS3                SIEMENS/BS2000
    ---------                --------------
    9 Worte = 432 Bits       42 Bytes = 336 Bits
```

Die Längen der für die Instrumentierung des MEBA-Systems benötigten Routinen beträgt für die TR440-Version insgesamt 2598
24-Bit-Halbworte. Durch die 802 Softwareproben selbst wird zu-
sätzlich ein Aufwand von ca. 14.500 Halbworte induziert, also
insgesamt ca. 17.000 Halbworte, was sich auf ca. 20% der "Ge-
samtlänge" des instrumentierten Codes beläuft.

Dieser relativ hohe Aufwand an Instrumentierung ist jedoch nur
in Relation zum tatsächlich instrumentierten Code und nicht zum
gesamten Code der voll-portablen Routinen gesetzt worden. Ferner
kann er, wie w.o. erwähnt, mittels eines Texteditors mühelos aus
der gesamten Software für eine Auslieferungsversion entfernt werden. Er überwacht jedoch die Schnittstellen der voll-portablen
Routinen zu den maschinenabhängigen Routinen erster Art und ist
bei einer Übertragung von MEBA auf ein neues Betriebssystem ein
geeignetes Mittel, die Testaufgaben zu erleichtern.

c) Aufwand der Entwicklung

Da bei der Entwicklung des Steuersystems MEBA den einzelnen Mitarbeitern des Entwicklungsteams klar voneinander abgegrenzte Aufgaben übertragen worden sind, ist es im Nachhinein möglich, das
oben definierte Maß p anzugeben. Die Basis hierzu bilden Auf-
schreibungen in Arbeitsbögen, die wöchentlich von jedem Mitar-

beiter abgegeben werden. Die Möglichkeit über detaillierte Tätigkeitsschlüssel zu exakt auswertbaren Daten zu gelangen wird aufgrund einiger vom Autor gewonnenen Erfahrungen verworfen. Es treten dabei nicht nur ungewollte Ungenauigkeiten, wie Irrtümer in der Wahl des Schlüssels, sondern Ungenauigkeiten aus Bequemlichkeit (z.B. Anziehen des beliebten Schlüssels "Sonstiges") und aus Manipulationsbedürfnis auf, deren Anteil so hoch ist, daß die erhoffte Genauigkeit nicht erreicht wird. Der dafür nötige Aufwand ist also nicht gerechtfertigt. Ferner ist der Einsatz eines Mitarbeiters an sehr vielen Teilaktivitäten eines Projektes aus Effizienzgründen möglichst zu unterlassen.

Bei der Analyse des Personalaufwandes durch das Maß p ergibt sich gegenüber dem beispielshalber durch die "Lines of Code" bestimmten Maß die Schwierigkeit, daß hier Posten auftreten, die in nicht direkter und eindeutiger Weise den einzelnen Routinen zugeordnet werden können (Problem der Kostenrechnung). Es handelt sich hierbei um folgenden Aufwand:

(V1) Konzeptionsphase,
(V2) Projektführung,
(V3) Projekt-Service,
(V4) technische Hilfsdienste,
(V5) Integrationstest des Gesamtsystems,
(V6) inhaltliche Erstellung von nicht modulbezogenen Dokumenten,
(V7) Akquisition und Vertragsverhandlungen.

Bei den folgenden Untersuchungen wird nur der Personalaufwand auf der Basis von Mannstunden betrachtet. Sachkosten, wie z.B. Rechenzeit, werden nicht dargestellt, da sie gegenüber dem Aufwand für Personal nicht ins Gewicht fallen. Ferner werden alle numerischen Angaben nur in Prozenten gemacht. Dabei werden zunächst die tatsächlichen Aufwendungen an Mannstunden für die Entwicklung des Steuersystems MEBA für zwei Anlagen/Betriebssysteme als 100% betrachtet. Folgende Liste weist die Einzelposten der Entwicklung aus, wobei über die technischen Hilfsdienste (V4) und die akquisitorischen Tätigkeiten (V7) keine

Angaben gemacht werden. Ferner werden im Grobkonzept 1/(HAUE75)
gegebenen Schätzungen (Spalte SOLL) genannt. Dabei wird der da-
mals geschätzte Gesamtaufwand für die Realisierung des Steuersystems für zwei Anlagen (TR440 und SIEMENS) als 100% angenommen
und in Analogie zur Spalte IST die Einzelposten relativ hierzu
ausgedrückt. Um für den Leser eine Vergleichsmöglichkeit zwischen
den Spalten IST und SOLL zu bieten, wird in einer dritten Spalte
für jeden Aufwandsposten nach der Formel (IST-SOLL).100/IST eine
Prozentzahl errechnet, die aussagt, um wieviel Prozent die Schätzung des jeweiligen Einzelpostens von tatsächlich eingetretenen
Aufwand, der jeweils als 100% angenommen wird, abweicht.

Aufwandsposten	IST	SOLL	Abweichung
Feinkonzept	10,48%	12,63%	-9,16%
Projektführung	9,52%	12,63%	-20,00%
Projekt-Service	14,29%	-	100%
nicht modul-bezogene Dokumentation	2,86%	6,32%	-100%
portable Program.	31,43%	28,42%	18,18%
Programmierung/TR440	9,52%	16,84%	-60%
Integrationstest/TR440	5,71%	3,16%	50%
Programmierung/SIEMENS	8,57%	16,84%	-77,78%
Integrationstest/ SIEMENS	7,62%	3,16%	62,50%
Summe	100%	100%	9,52%

Negative Zahlen in Spalte 4 deuten darauf hin, daß der betreffende Aufwandsposten überschätzt worden ist, d.h. daß das tatsächlich eingetretene IST an Mannstunden geringer als das Soll
ist. Eine positive Zahl deutet den umgekehrten Sachverhalt an.

Insgesamt hat sich der tatsächlich benötigte Aufwand gegenüber
der Schätzung um 9,52% erhöht. Diese Zahl ergibt sich numerisch
aus dem Vergleich der erfaßten und angesetzten Mannstunden. Sie
beruht im wesentlichen auf der Einführung der Aufwands-Kategorie
"Projekt-Service", der im Grobkonzept nicht geschätzt worden ist.
Sie wurde zu Beginn der Realisierungsphase auf Betreiben des Pro-

jekleiters eingeführt. Der Mehraufwand, der sich aus der Betrachtung der Mannstunden ergibt, ist nur scheinbar. Bei Einführung einer finanziellen Bewertung (etwa in Form von Stunden-
sätzen) würden sich keine Unterschiede im geschätzten und tatsächlichen Aufwand zeigen, da der Aufwand für Projekt-Service
mit einem vergleichsweise niedrigen Stundensatz anzusetzen wäre.
Eine detaillierte Betrachtung dieser Art mit absoluten Zahlen
kann jedoch hier nicht angestellt werden.

Durch die projektorganisatorische Maßnahme, einen Projekt-
Service einzurichten, konnte der Einsatz von qualifiziertem
Personal etwas gesenkt werden. Aus dieser Erfahrung kann man
folgende Hypothese ableiten:

*Durch projektorganisatorische Maßnahmen ist es möglich, die
personalbedingte Kostenexplosion der Software-Produktion zu
dämpfen, ohne eine Senkung der Qualität der Software-Pro-
dukte in Kauf nehmen zu müssen; vielmehr ist durch geeignete
organisatorische Straffung eine Qualitätssteigerung, zumindest jedoch eine Qualitätskonsoldierung zu erwarten.*

Man kann das Tätigkeitsbild eines Projekt-Service, die von ihm
benötigten Techniken und Instrumente (z.B. Formblätter, Programme) und seine organisatorische Kontrolle <u>projektunabhängig</u>
festlegen, und somit einen Service für mehrere Projekte gleichzeitig aufbauen. Die Erfahrung der MEBA-Entwicklung zeigt nun,
daß dadurch erwartet werden kann, daß in all diesen Projekten
qualifiziertes Personal eingespart werden kann, bzw. das vorhandene Personal zu erhöhter Produktivität, dank sauberer und
übersichtlicher Projektunterlagen und zentraler Dateipflege,
geführt werden kann.

Der Soll-Ist-Vergleich bei der Position "Feinanalyse" zeigt nur
eine geringfügige Differenz. In der Phase der Feinplanung wurde
nicht nur eine detaillierte Softwarekonzeption, sondern die gesamte Basis für die Arbeiten der Realisierungsphase, wie z.B.
Dokumentations- und Programmierrichtlinien, Testhilfen (YHTEST)
etc., geschaffen.

Der Aufwand für "Projektführung" hat sich ebenfalls gegenüber
der Schätzung erniedrigt, da die gesamte Realisierung des Steuersystems MEBA vier Monate früher fertig geworden ist, als ursprünglich geplant worden ist. Da dieser Aufwandsposten durch
die reale Laufzeit eines Projektes bestimmt wird, ist es natürlich, daß er sich etwas reduziert hat. Die durch die zeitliche
Raffung bedingte Intensivierung der Projektkoordination konnte
durch das Instrument des Projekt-Service gut aufgefangen werden.

Drastisch erniedrigt konnte der Aufwand zur Erstellung nicht
modulbezogener Dokumente, wie Benutzerhandbuch, Übersichten,
Projektberichte, werden. Dies ging hauptsächlich zu Lasten des
Projekt-Service, wo von einer Projektassistentin durch geeignete,
von ihr selbst erstellte PL/1-Programme, für diese Dokumente
passende Teile aus den Quellen des MEBA-Systems extrahiert worden sind. (Dies setzt natürlich voraus, daß entsprechende Informationen als Daten in den Quellen enthalten sind, was über
Richtlinien und Normungen erreicht werden konnte.)

Der Aufwand zur Erstellung der portablen Programme ist etwas
höher als ursprünglich geschätzt. Hier lag jedoch keine Fehl-
schätzung vor, sondern es mußte die Wirkungsweise des BROOK'
schen Gesetzes (vgl. 3/(BROO75), p.25) hingenommen werden. Zu
Beginn der Realisierungsphase, wo auch die Erstellung der portablen Programme in Angriff genommen worden ist, mußten drei
neue Mitarbeiter eingearbeitet werden. Der dadurch bedingte
"Produktivitätsnachlaß" des gesamten Teams war deutlich zu
spüren. Dahinter steckt die allgemeine Frage einer Personal-
planung, ob es möglich ist, stets den richtigen Mitarbeiter
zum richtigen Zeitpunkt für die richtige Aufgabe verfügbar zu
haben. Es wäre vielleicht fair, bei Schätzungen von vorne herein die Posten der Einarbeitung neuer Mitarbeiter in einen Soft-
ware-Entwurf explizit und nicht zu kleinlich anzugeben.

Bei Durchführung der "maschinenabhängigen" Aktivitäten, nämlich
dem Erstellen der maschinenabhängigen Programme und dem Integrationstest, hat man sich jeweils gewaltig verschätzt, jedoch jedesmal in eine andere Richtung, so daß die Gesamtschätzung der

maschinenabhängigen Aktivitäten vom Ist kaum abweicht. Der Integrationstest (was wäre anderes zu erwarten!) wurde unterschätzt, die Erstellung der maschinenabhängigen Programme überschätzt. Zu bemerken ist ferner der etwas höhere Aufwand für den Integrationstest der Siemens-Version gegenüber der Telefunken-Version: Dies hängt hauptsächlich mit den organisatorischen Hindernissen zusammen. Die Siemens-Version wurde in München getestet, was vom Sitz des Teams (Dortmund) relativ weit entfernt ist.

Um das oben erwähnte Maß p zu ermitteln, ist es zunächst notwendig, die nicht modulbezogenen Aufwendungen pauschal auf die portablen und nicht portablen Systemteile umzulegen. Die einzelnen Posten werden folgendermaßen aufgeschlüsselt (Gesamtaufwand=100%):

Aufwandsposten	portabel	nicht portabel
Feinkonzept	10,48%	-
Projektführung	7,62%	1,90%
Projekt-Service	11,43%	2,86%
Dokumentation	2,86%	-
portable Programme	31,43%	-

TR440-Version:	XE-Routinen	3.51%
	XB-Routinen	3,03%
	XZ-Routinen	2,34%
	Integrationstest	5,71%
SIEMENS-Version:	XE-Routinen	3,27%
	XB-Routinen	1,82%
	XZ-Routinen	3,47%
	Integrationstest	7,62%

Die Gesamtsumme der linken Spalte ergibt 63,82%. Somit errechnet sich das Maß p für folgende Modulgruppen:

	TR440/BS3	SIEMENS/BS2000
XE-Routinen	0.055	0.051
XB-Routinen	0.048	0.029
XZ-Routinen	0.037	0.054

In offensichtlicher Erweiterung des Begriffs p können ferner folgende Verhältniszahlen gebildet werden:

Integrationstest der Telefunken-Version: 0.089
Integrationstest der Siemens-Version: 0.119
Projektführung: 0.029
Projekt-Service: 0.045

Sei m der hier nicht genannte Aufwand in Mannmonaten, die portablen Teile des Steuersystems zu erstellen, so ergibt sich dadurch Multiplikation der Zahl m mit den genannten Verhältniszahlen p der Aufwand in Mannmonaten, der nötig ist, um die jeweilige "maschinenabhängige" Aktivität, die beim Portieren des Steuersystems MEBA anfällt, zu erfüllen.

Schlußfolgerungen:

Um sich ein Bild vom Grad der Portabilität eines Software-Systems zu machen, ist es zweckmäßig, auf unterschiedliche Meßergebnisse zurückzugreifen, wie dies w.o. geschehen ist. Zunächst lassen diese Zahlen den Schluß zu, daß das Steuersystem MEBA tatsächlich portabel ist. Hierzu ist neben den Routinen des Steuersystems der gesamte Bereich der ökonometrischen Bausteine zu rechnen, deren Portabilität über das Vehikel der maschinenabhängigen Routinen erster Art des Steuersystems sichergestellt ist.

Hier ist ein besonderer Wert des Entwurfes des Steuersystems MEBA herauszustellen. Unter Berücksichtigung der durch das Steuersystem MEBA festgelegten Normierungen (vgl. 1/(HAUE75)) ist es möglich, spezielle Anwendungssoftware in voll portabler Weise zu erstellen. Dabei ist bei der Übertragung auf einen neuen Rechentyp nur eine Neuprogrammierung der maschinenabhängigen Routinen erster Art notwendig, die, wie die obige Analyse zeigt, in einem günstigen Portabilitätsverhältnis allein schon zur voll portablen Software des Steuersystems stehen. Je umfangreicher aber die auf der Basis des Steuersystems MEBA betreibbare Anwendungssoftware ist, desto kleiner werden die genannten Portabilitätsmaßzahlen. Die Anzahl der maschinenabhängigen Routinen erster Art ist nämlich konstant. Ihre

Name der Routine	Abkürzung in den Formeln	Kurztitel	CPU-Zeit 1) TR440/BS3	CPU-Zeit 1) SIEMENS/BS2000
<u>E/A-Routinen</u>:				
XELD	A 2)	Lesen eines Datenelementes	1,26	0,70
XESD	B 2)	Schreiben eines Datenelementes	1,54	3,14
XEDAT	C	Einrichten einer Datei	14,41	19,50
XEMKDL	D	Lesen der MKD	2,24	0,50
XEMKDS	E	Schreiben auf die MKD	2,51	1,90
XEMKDE	F 3)	Einrichten einer MKD	219,33	10,00
XEMVDL	G 2)	Lesen von der MVD	6,50	0,70
XEMVDS	H 2)	Schreiben auf die MVD	7,00	7,80
XEOUT	I	Ausgabe einer Terminalzeile	3,83	0,90
XEIN	J	Eingabe eines Satzes vom Terminal	4,44	1,12
<u>elementare Dienstroutinen</u>:				
YYTXT	K	Lesen eines globalen Systemtextes	4,80	1,00
YYMESD	L	Durchführung und Ausgabe einer Messung auf die MKD	5,80	1,09

<u>Erläuterung der Fußnoten</u>:

1) Angaben in Einheiten von 10-2 Sekunden.

2) Die Routinen XELD und XEMVDL bzw. XESD und XEMVDS sind hinsichtlich ihrer internen Logik ähnlich strukturiert. Daß die CPU-Zeiten für die TR440-Version der jeweils erstgenannten Routinen vergleichsweise niedrig liegt, beruht auf der Verwendung eines LRU-Algorithmus (<u>L</u>ast <u>R</u>ecent <u>U</u>sed).

3) Die CPU-Zeit für XEMKDE ist deshalb so hoch, weil hierdurch 100 leere Protokollsätze geschrieben werden.

Abb. 26   Liste der Atome

Veränderung würde eine gravierende Entwurfsänderung des Steuersystems bedeuten, eine Fragestellung, die bei den Analysen dieser Arbeit ausgeklammert worden ist.

d) Dynamische Messungen

Um das Rechenzeitverhalten der einzelnen Komplexe des MEBA-Systems angeben zu können, sind Messungen der atomaren Komplexe,
sowie Messungen an den zusammengesetzten Komplexen erforderlich,
um die Restrechenzeiten der verbindenden FORTRAN-Codierung abschätzen zu können. Daher muß zunächst ein geeignetes Meßverfahren angegeben werden.

<u>Darstellung des Meßverfahrens</u>: Das angewandte Meßverfahren be-
ruht auf dem Begriff des <u>atomaren Komplexes</u>. Ein Atom in dem
hier betrachteten Sinne ist nicht eine Maschineninstruktion,
sondern eine größere Programmeinheit, die einerseits an mehreren
Stellen der gesamten MEBA-Software verwendet wird und die, wenn
aufgerufen, gegenüber ihrer Umgebung einen relativ hohen Rechenzeitverbrauch aufweist. Typische Vertreter solcher Programmein-
heiten sind Unterprogramme zur Durchführung von E/A-Operationen
(vgl. auch Abb. 26). Ferner muß ein atomarer Komplex die Eigenschaft haben, daß sein Rechenzeitverbrauch pro Aufruf konstant
ist. Geringfügige Abweichungen, die sich z.B. bei E/A-Operati-
onen durch Übertragungen unterschiedlich langer Datenbereiche
einstellen können, werden hier ignoriert. Ebenso werden die Ein-
flüsse, die auf das Multiprogramming und Paging zurückgehen,
außer Acht gelassen. Gerechtfertigt wird diese Betrachtungsweise
dadurch, daß diese innerhalb der interessierenden Genauigkeit
durchaus sinnvoll ist. Der Zweck der hier angestellten Untersuchungen besteht darin, einem Benutzer Kriterien über den möglichen Rechenzeitverbrauch seines Vorhabens in Form von Faust-
formeln an die Hand zu geben.

Ein atomarer Komplex wird dadurch gemessen, daß er von einer zentralen Meßroutine YHMESS N-mal aufgerufen wird, wobei N eine fest
vorgegebene positive ganze Zahl ist (z.B. N=100). Dabei wird eine
Messung unmittelbar vor dem ersten und nach dem letzten Aufruf des

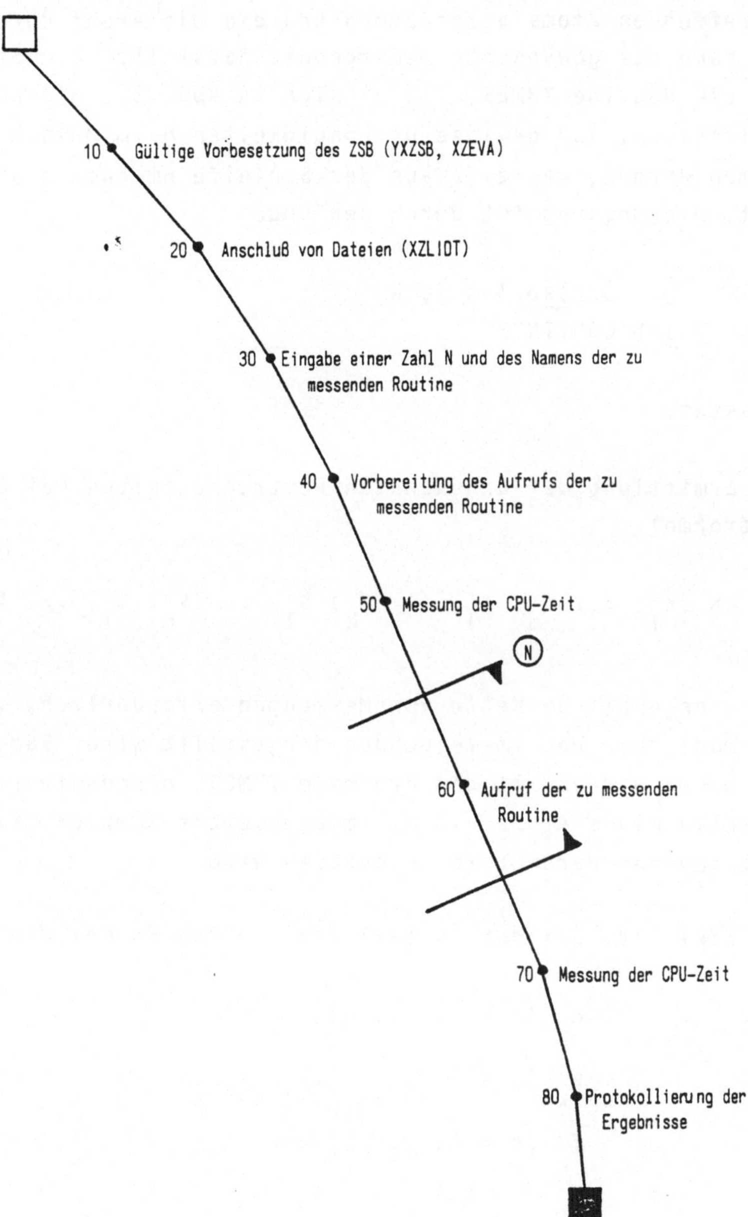

Abb. 27   Aufbau der zentralen Meßroutine YHMESS

betreffenden Atoms vorgenommen und die Differenz durch N geteilt, was dann das gewünschte Meßergebnis darstellt. Ein Strukturbaum für die Routine YHMESS findet sich in Abb. 27. Hieraus ist auch ersichtlich, daß gewisse Ungenauigkeiten beim Messen in Kauf genommen werden, was z.B. aus der Schleife um Knoten 60 hervorgeht: Die Messung ist durch den Code

```
      DO lab I = 1, N
  lab CONTINUE
```

belastet.

Zur Ermittlung der unbekannten Restrechenzeiten bei einer Rechenzeitformel

$$R (n_1, \ldots n_a; m_1, \ldots m_b; s_1, \ldots s_b; t_1, \ldots t_c)$$

ist eine endliche Kette von Messungen erforderlich, von denen ein möglicher Weg im folgenden dargestellt wird. Sämtliche Messungen werden mit dem Programm YHMESS durchgeführt, wobei anstelle eines Atoms ein zusammengesetzer Komplex mit fest vorgegebenen Parametern aufgerufen wird.

Das Ziel ist, bei der in (W2) ermittelten Formel die Unbekannten

$$d_i \quad (1 = 1, \ldots a),$$

$$e_k \quad (j = 1, \ldots b),$$

$$f_k \quad (k = 1, \ldots c) \text{ und}$$

$$z$$

zu ermitteln.

Im ersten Schritt werden die Schalter $s_1, \ldots s_b; t_1, \ldots t_c$ auf Null gesetzt. Gehört die Null zum Wertebereich aller n_i (i = 1, ... a), so kann man durch die Messung von R (0, ... 0) die Restrechenzeit z unmittelbar bestimmen. Gehört jedoch die Null nicht zum Wertebereich der genannten Parameter, so werden konkrete Werte $n_1 \ldots n_a$ angenommen und eine Messung

$$\widetilde{R} : = R(n_1, \ldots n_a ; 0, \ldots 0)$$

durchgeführt. Um die Unbekannte d_i zu ermitteln wird der i-te Parameter von n_i auf $n_i - w$ erhöht, so daß $n_i - w$ im Wertebereich dieses Parameters liegt. Außerdem werden alle anderen Parameter unverändert gelassen.

Die Messung

$$R_i := \widetilde{R}(n_1, \ldots n_i + w, \ldots n ; 0, \ldots 0)$$

führt dann zu

$$R_i - \widetilde{R} = w (A_i + d_i),$$

so daß hieraus d_i errechnet werden kann. Auf diese Weise erhält man in a Schritten alle Werte der d_i (i=1, $\ldots$ a). Durch Einsetzen in

$$R = \sum_{i=1}^{a} n_i (A_i + d_i) + \sum_{h=1}^{r} q_h D_h + z$$

läßt sich z errechnen. Um nun die Unbekannten e_j zu ermitteln, setze man den j-ten Schalter s_j auf 1 und alle übrigen auf Null. Führt man damit eine Messung durch, so kann man hieraus e_j errechnen. Ebenso findet man die Unbekannten f_k.

Derartige Untersuchungen gehören in das Gebiet der Komplexitätsanalyse. Jedoch ist zu betonen, daß der hier eingeschlagene pragmatische Weg den realen Informationsbedürfnissen eines Benutzers entgegenkommen soll, der auf Orientierungshilfen bei der Abschätzung seiner Aufgabenstellungen zurückgreifen möchte. Die Anwendung existierender mathematischer Verfahren aus dem Gebiet der Komplexitätsanalyse erscheint deshalb als ungeeignet, da die Ursachen der Komplexität bei Systemen, wie den hier analysierten, stärker durch die Art der Programmorganisation und durch die E/A-Operationen bestimmt werden, als durch die Komplexität von Algorithmen

der Numerischen Mathematik. (Vgl. hierzu insbesondere den Artikel
von W.M. GENTLEMAN in 6/(GENT73)).

Beispiel einer Komplexitätsuntersuchung: Es wird nun ein rela-
tives komplexes Beispiel diskutiert. Dabei handelt es sich um
denjenigen Komplex der ökonometrischen Methodenbank des MEBA-Systems, bei dem eine ökonometrische Analyse beginnt, beim Schritt
des "Übersetzens eines Modells" (vgl. 1/(BMWI78)). Um eine zwar
gestraffte, aber einigermaßen instruktive Darstellung geben zu
können sind folgende Ausführungen mötig:

Die Entwicklung ökonometrischer Modelle ist die Voraussetzung für
die Anwendung einer ökonometrischen Methodenbank. Es mußte daher
als Teil der entwickelten Bausteinbibliothek eine syntaktische
Ebene geschaffen werden, die es erlaubt Modelle zu spezifizieren,
d.h. also gemäß einer gegebenen Syntax zu notieren. Daher wurde
eine "Modellspezifikations-Sprache" geschaffen, für die ein gesonderter Interpreter, der Modellinterpreter, erstellt worden ist
(Programm ZMUEBE, 6/(SCHR77)).

Gemäß dieser Sprache besteht ein ökonometrisches Modell aus einer
Menge von Gleichungen, von denen es zwei Arten gibt, nämlich Verhaltensgleichungen und Definitionsgleichungen. Beide Typen von
Gleichungen stellen Beziehungen her zwischen linearen Variablen,
für die in der Regel Beschreibungswerte in Form von Zeitreihen
(=zeitlich abhängige Sequenz von Meßergebnissen) vorliegen. Eine
Definitionsgleichung hat demnach die Form

$$A_j: = g_j (B_1, \ \dots \ B_{r_j}) \ ,$$

wobei g_j eine gegebene (bekannte) Funktion ist, die zwischen den
Variablen B_k (k = 1, ... r_j) und der Variablen A_j einen defini-
torischen Zusammenhang herstellt. Eine Verhaltensgleichung hat
ebenso die Form

$$V_i = f_i (W_1, \ \dots \ W_{s_i}) \ ,$$

wobei die Funktion f_i nicht restlos bekannt ist, sondern in para-
meterisierter Form vorliegt, deren Parameter es gilt zu <u>schätzen</u>.
Dabei sind W_k (k=1, ... s_i) und V_i Variable. In der Syntax des
Modellinterpreters ist es genau vorgezeichnet, welche Typen von
Funktionen f_i und g_j in MEBA notiert werden können. Sehr oft wer-
den bei den Verhaltensgleichungen lineare Zusammenhänge ange-
nommen, wie an folgendem Beispiel erläutert wird (vgl. 6/(SCHO69),
Bd. 1):

Zwischen dem gesamtwirtschaftlichen Konsum C und dem disponiblen
Einkommen der Volkswirtschaft Y möge folgender Zusammenhang angenommen werden:

$$C = a + b Y ,$$

wobei es nun gilt, die Zahlen a und b zu schätzen. Das Notieren
einer solchen Verhaltensgleichung bezeichnet man als <u>Einzel-
gleichungshypothese</u>. (Im vorliegenden Fall handelt es sich um
die sog. Keynessche Konsum-Hypothese).

Die Aufgabe eines Ökonometrikers besteht nun datentechnisch gesprochen darin, einen Vorrat derariger Einzelgleichungshypothe-
sen zu entwickeln und diese als Menge von Verhaltensgleichungen
in der zur Verfügung stehenden Syntax des Modellinterpreters zu
notieren. Ferner legt sich ein Ökonometriker einen Vorrat an
Definitionsgleichungen an (etwa von der Art: Die Staatseinnahmen
setzen sich zusammen aus Steuereinnahmen vom Typ A plus Steuer-
einnahmem vom Typ B plus etc.). Hieraus ergibt sich ein Vorrat
von Textinformation, aus der man einzelne Gleichungen auswählen
kann. Eine derartige Auswahl bezeichnet man datentechnisch als
ein ökonometrisches Modell. (Beispiele hierzu finden sich in
1/(BMWI78)).

Exemplarisch soll hier nur das Programm ZMUEBE untersucht werden.
Zunächst muß die Struktur dieses Komplexes erläutert werden.

Als erstes wird ein ökonometrisches Modell, welches in der oben
geschilderten Weise notiert worden ist, eingelesen. Dabei wird

formal und inhaltlich zwischen drei Typen von Eingabezeilen
unterschieden:

- Kommentarzeilen
- Verhaltensgleichungen,
- Definitionsgleichungen.

Aufgrund dieser Notation ist es möglich, daß innerhalb der Verhaltensgleichungen implizit Definitionsgleichungen enthalten
sind, die zu explizieren eine der Aufgaben des Komplexes ZMUEBE
ist. Ferner können bei der Verwendung der einzelnen Variablen
in einem Modell Lag-Beziehungen auftreten, wobei in den Fällen,
wo diese in Definitionsgleichungen auftreten, die Definitionsgleichungen besonders behandelt werden müssen.

Folgende ganze Zahlen bestimmen also die Parameterisierung einer
Rechenzeitformel für ZMUEBE:

n_1 die Anzahl der Kommentarzeilen

n_2 die Anzahl der Verhaltensgleichungen

n_3 die Anzahl der Definitionsgleichungen

n_4 die Anzahl der Definitionsgleichungen, wo
Lags auftreten

n_5 die Anzahl der impliziten Definitionsgleichungen

Service-Funktionen, die in einem Komplex verankert sind, wirken
sich in der Regel bei der Parameterisierung einer Rechenzeitformel so aus, daß Schalter anzugeben sind, die die Ausführung
der betreffenden Dienstleistung steuern.

Beim Komplex ZMUEBE sind dies zwei Schalter:

S_1 Sollen die eingelesenen Zeilen protokolliert werden?

S_2 Sollen die impliziten Definitionsgleichungen
protokolliert werden?

Somit ergibt sich folgende Rechenzeitformel:

$$R_{ZMUEBE} = (n_1 + n_2 + n_3) (J + a_1) +$$

$$+ S_1 (n_1 + n_2 + n_3) (I + a_5) + n_2 (B + a_2)$$

$$+ 2 (n_3 + n_5) (B + A + a_3) + n_4 (B + a_4)$$

$$+ S_2 n_5 (I + a_6) + z$$

Dabei bedeuten die großen lateinischen Buchstaben A, B, ... etc.
die in Abb. 26 enthaltenden Atome. Die Größen a_i (i = 1, ... 6)
stellen Restrechenzeiten dar gemäß den Ausführungen in (W2).

Der erste Summand in dieser Formel bedeutet das Einlesen mit
XEIN der Zeilen des ökonometrischen Modells. Der zweite Summand
rührt von der Protokollierung der eingegebenen Zeilen her. Der
dritte Summand sagt aus, daß eine Verhaltensgleichung nach einen
bestimmten Code transformiert wird und dieses Ergebnis anschließend weggeschrieben wird. Der vierte Summand bedeutet einen ähnlichen Umstand für eine gelesene Definitionsgleichung. Dort muß
- aus bestimmten programmtechnischen Gründen - eine Definitionsgleichung zwei Mal gelesen und geschrieben werden. Dies gilt außerdem für die von ZMUEBE ermittelten impliziten Definitionsgleichungen.

d) Besondere Eigenschaften des MEBA-Systems

Bei der Beurteilung kann von folgenden Eigenschaften eines
Methodenbanksystems ausgegangen werden:

(R1)   dialogfähig
(R2)   methodenorientiert
(R3)   datengesteuert
(R4)   unbegrenzt erweiterungsfähig
(R5)   generalisiert
(R6)   portabel

178

<u>Zu (R1)</u>: Ein Methodenbanksystem ist in erster Linie im Dialogbe-
trieb zu nutzen.

<u>Zu (R2)</u>: Hiermit ist eine interaktive Programmentwicklungstechnik
gemeint, die es erlaubt, aus vorgefertigten Bausteinen komplexere
Softwareeinheiten aufzubauen (Verknüpfungssprache).

<u>Zu (R3)</u>: Programme über Daten oder Tabellen, die von außerhalb des
Programms bequem manipuliert werden können, zu steuern, ist eine
fundamentale Softwaretechnik. Auf den Problemkreis der Modellent-
wicklung (im Sinne ökonometrischer Modelle, Arbeitsmarktmodelle,
Planungsmodelle z.B. für Fragen der Regionalplanung, etc.) angewandt bedeutet dies, daß Modelle als Daten einem geeigneten Interpreter zugeführt werden. Diese Technik ist auf jeden Fall derjenigen überlegen, die darauf abzielt, in der Regel ein Modell in
Form eines FORTRAN-Programmes zu formulieren, und die durch eine
Sammlung solcher Objekte zu einer "Modellbank" führen möchte.
Diese Technik ist nicht nur aus softwaretechnischer Sicht abzu-
lehnen und gilt als längst überholt (sie erschwert das Testen,
die Transparenz der Softwarekonstruktionen und die Flexibilität,
da jede Änderung mit einer Neucompilierung und allen Folgekosten
behandelt werden muß). Sie ist auch aus Sicht eines Modellentwik-
klers, dem letztendlichen Anwender derartiger Systeme, strikt ab-
zulehnen, da hierbei zwei linguistische Ebenen unheilvoll miteinander verquickt werden: Das Problem, ein Modell gedanklich aufzubauen und es in geeigneter Form formal zu notieren, wird an die
Verwendung einer generalisierten Programmiersprache wie FORTRAN
gekettet, wodurch die ganze dazu gehörige Kette von Softwarepro-
blemen - wie Testen, Dokumentation, präzise Darstellung von Programmiervorgaben, Transparenz der Codierung - zu einem Kreis von
Anwendungsproblemen "gebunden" wird, der eigentlich möglichst frei
von derartigen Schwierigkeiten sein soll. Dies ist ein Mangel, der
fast allen Systemen von "Modellierungssoftware" anhaftet, wie z.B.
MBS. (Nähere Referenzen hierzu sind in 2/(GMD76) zu finden). Kon-
sequenterweise sind im System MEBA sämtliche Texte (z.B. Überschriften, Fehlermeldungstexte) und Syntaxtabellen der Kommandosprache auf eine Datei ausgelagert, so daß MEBA jederzeit mühelos
auf den Betrieb in jeder natürlichen Sprache umgestellt werden

```
ME84     20770922
  LIN?
*11rH
        OEKONOMETRISCHE METHODENBANK
             STEUERSYSTEM M * E * B * A
          DATUM:      771201   UHRZEIT:   233020


GIB BEFEHL   :
*<prozess,&&h>
 PROZESS:
   1. BEN
   2. PROZ
   3. TYP       (NEU)
 DER PROZESS-BEFEHL HAT EINE DOPPELTE FUNKTION: UEBER DEN PARAMETER BEN WIRD EIN BENUTZER IDENTIFIZIE
 RT. HIERUEBER WIRD DIE BENUTZERBERECHTIGUNG GEPRUEFT. DIE ID
 ENTIFIKATION EINES PROZESSES ERFOLGT UEBER DEN PARAMETER PROZ. DER BENUTZER KANN NEUE PROZESSE EINRI
 CHTEN, BZW. ALTE PROZESSE WIEDER AUFNEHMEN. IM PARAMETER TYP
 WIRD DIE ENTSPRECHENDE ANGABE GEMACHT, D.H. NEU ODER WEITER.
   1. PARAMETER: BEN =
 H:
*hauer
   2. PARAMETER: PROZ =
 H:
*meth
   3. PARAMETER: TYP =
 H:
*neu
 PROZESS ERUEFFNET

  BEFEHL AUSGEFUEHRT


GIB BEFEHL   :
*<steuer>
 MOMENTAN GUELTIGE STEUERPARAMETER:
 PARAMETER        INHALT
 ______________________________________

 FEHLER           LANG
 TEST             KEINE
 RUECKF           NEIN
 PRUEF            NEIN
 MESS             NEIN
 EMODUS           BEFEHL
 AMODUS              0
 AUS              TERM
 LAENGE        7
                 MAD     MSO     OOS0    OOSE    MZD     ODE1    ODE2

  BEFEHL AUSGEFUEHRT


GIB BEFEHL   :
*<halt,weiter>


 GIB BEFEHL   :
*
```

MEBA-Sitzung der deutschen Version auf einer SIEMENS-BS2000-Anlage

vom 01. Dezember 1977 um 23.30 Uhr

Abb. 28: Beispiele von MEBA-Sitzungen →

```
START MEBA

            ┌──────Schalter der natürlichen Sprache
LIN!◻:LIN1◻.


    1


        ECONOMETRIC METHODS' BASE


            CONTROL SYSTEM M * E * B * A


                DATE:       770622     TIME:        134438
ENTER COMMAND    ◻:[PROCESS,&&H]◻.
PROCESS                         ▲
  1 USER                        └────────── Prozessbeginn
  2 PROC
  3 TYPE ( NEW )

THE PROCESS COMMAND INITIATES A MEBA-PROCESS.
  1 USER◻:HAUER◻.
  2 PROC◻:MEBA◻.
  3 TYPE ( NEW )◻:NEW◻.



PROCESS STARTED
ENTER COMMAND    ◻:[CONTROL,&&H]◻.
CONTROL                         ▲
  1 ERROR ( NUL )               └────────── vgl. Befehl STEUER
  2 TEST ( NUL )
  3 MEASURE ( NUL )
  4 CHECK ( NUL )
  5 TRACE ( NUL )
  6 IMODE ( NUL )
  7 FIND ( NUL )
  8 AOUT ( NUL )
  9 OMODE ( NUL )
 10 NPAR1 ( NUL )
 11 NPAR2 ( NUL )

THE COMMAND CONTROL SETS CONTROL SWITCHES.
  1 ERROR ( NUL )◻:&&E◻. ◄────────Abbruch der Parametereingabe
ENTER COMMAND    ◻:[LCONTROL]◻.
                                └──── vgl. Befehl LSTEUER
MOMENTARILY USED CONTROL PARAMETERS:

PARAMETER       CONTENT
─────────────────────────────────────
ERROR           LONG
TEST            NONE
TRACE           NOT
CHECK           NOT
MEASURE         NOT
EMODE           COMMAND
AMODE            0
OUT             TERM

LENGTH           7

            MAD     MBD    ODSo    ODSE    MZD    ODE1    ODE2
```

kann, wie Abb. 28 zeigt.

Zu (R4): Durch die Technik der dynamischen Verknüpfung von Bausteinen ist es möglich, eine Methodenbank beliebig zu erweitern
und zu verändern, ohne das dazugehörige Steuersystem verändern
zu müssen. Diese Eigenschaft zusammen mit der Eigenschaft der
Portabilität wird nicht von vielen Methodenbanksystemen erreicht.
Systeme wie BMDP (vgl. 2/(DIXO73)) und SPSS (vgl. 2/(NIE70))
sind zwar in der vorgedachten Menge von Algorithmen sehr flexibel zu benutzen, jedoch stellt das Auswechseln eines in diesen
Systemen enthaltenen Algorithmus u.U. einen gravierenden Ein-
griff dar, wobei die Anpassung des neuen Objektes mit der existierenden Umgebung und ggf. auch umgekehrt die eigentliche Aufgabe ist. Ganz zu schweigen von Erweiterungen, die über die bisher abgedeckten Gebiete hinausführen sollen!

Zu (R5): Verfolgt man die im Teil I enthaltenen Begriffsbildungen, so ist der Gedanke eines problemunabhängigen Steuersystems einer Methodenbank ganz natürlich. Das Steuersystem
MEBA ist jedoch das einzige z.Z. bekannte System, das in diesem
Sinne als generalisierte Software bezeichnet werden kann.

Zu (R6): Methodenbanken als Sammlung hochwertiger Bausteine kann
man etwas überspitzt formuliert als "modulare Konzentration speziellen Wissens in Gestalt von Software" bezeichnen. Daher ist
es auch ganz natürlich solche Systeme auf mehreren Rechnern zu
implementieren.

*Das Steuersystem MEBA ist der einzige bekannte generalisierte
Methodenmonitor, der den Eigenschaften (R1) bis (R6) genügt.*

Nachwort:
Die Idee des Methodenmonitors gibt die Anregung, seine softwaretechnologischen Einsatzmöglichkeiten zu nutzen. Es sollte
bewußt nicht Gegenstand dieser Schrift sein, dies weiter zu
analysieren, obgleich gewisse zu ziehende Lehren evident
sind (vgl. 3/(HAUE79). So könnte man derartige Monitorsysteme
als Entwicklungs-, Test- und Wartungssysteme von Software
einsetzen.

Verzeichnisse

Glossar und Abkürzungsverzeichnis

*Im folgenden wird eine Zusammenstellung der wichtigsten Begriffs-
bildungen, die in dieser Arbeit verwendet werden, gegeben. Bei
der Erörterung der einzelnen Begriffe werden Verweise auf andere
im Glossar enthaltene Stichworte durch die Zeichenfolge (!) gekennzeichnet.*

Anschließend werden die wichtigsten Abkürzungen erläutert.

Arboreszenz: (vgl. 4/(MUEL75), p.51)

Eine Arboreszenz A ist ein azyklischer Graph A, in dem genau für
ein $X_o \in V(A)$ $d^-(x)=0$ und für alle übrigen Knoten $d^-(x)=1$ gilt.

Dabei ist ein azyklischer Graph ein Spezialfall eines gerichteten
Graphen, der wie folgt definiert ist:

Ein gerichteter Graph X besteht aus einer Menge $V=V(X)$, den
Knoten von X, und einer Menge $E=E(X)$ von geordneten Paaren (x,y)
verschiedener Elemente aus V, den Kanten von X.

Bezeichnet man, wie üblich, durch senkrechte Striche die Mächtigkeit von Mengen, so setzt man:

$$d^-(x) := |\{(y,x) \ : \ (y,x) \in E(X)\}|$$

<u>Atom oder atomarer Komplex:</u>
Auf den einzelnen Komplexitätsebenen (!) werden einige Routinen
als Atome ausgezeichnet. Diese sind dadurch definiert, daß ihre
Ausführung im allgemeinen einen relativ hohen und pro Aufruf relativ konstanten Rechenzeitverbrauch aufweist und daß ihre Komplexität für die in der vorliegenden Arbeit angestrebten Resultate uninteressant ist.

<u>Baustein:</u> (Abb. 1)
Ein Baustein ist ein Modul, das eine genau zu definierende Leistung erbringt. Er ist innerhalb eines oder mehrerer Fachgebiete
klassifizierbar. Er stellt eine Grundeinheit dar, von der es
sich lohnt, sie als Werkzeug präsent zu haben, um hiermit und
im Verbund mit anderen Bausteinen komplexere Software-Konstrukte
sicher aufbauen zu können.

<u>Bausteinprogrammierer:</u>
Der Bausteinprogrammierer konzentriert sich auf ein bestimmtes
Spezialproblem, das er als Algorithmus formuliert, es programmiert, testet und dokumentiert, und so als Baustein (!) zur Verfügung stellt.

<u>Befehlssprache:</u>
Die Befehlssprache des Steuersystems MEBA ist eine portable Kommandosprache, die dem Benutzer einen Satz von Dienstfunktionen
bereitstellt.

<u>BROOK'sches Gesetz:</u> (4/(BROO75))
Das BROOK'sche Gesetz lautet: Die Zufuhr von Personal in ein zeitlich bereits fortgeschrittenes Projekt induziert zunächst eine
Senkung der Produktivität des Teams, ehe diese wieder zu steigen
beginnt.

<u>Datenelemente:</u>
Datenelemente werden als variabel lange Sätze in Dateien geschrieben. Sie werden durch einen dreistufigen Schlüssel identifiziert:

    Art des Datenelementes (vier Zeichen)
    Name des Datenelementes (acht Zeichen)
    Laufende Nummer des Datenelementes (ein Ganzwort in FORTRAN)

<u>Hilfemodus:</u>
Als Eingabeformen von Kommandos der Befehlssprache (!) des Steuersystems MEBA werden zwei Formen von Hilfemodi angeboten:

- der "lokale" Hilfemodus und
- der "globale" Hilfemodus.

Bricht ein Benutzer die Eingabe eines Befehls durch Eingabe des
Zeichens "Fluchtsymbolende" vorzeitig ab, so tritt das System
automatisch in einen Hilfemodus, der die fehlenden Parameterwerte parameterweise nachfordert. Diese Eingabeform wird als
"lokaler" Hilfemodus bezeichnet. Den "globalen" Hilfemodus wählt
ein Benutzer explizit (durch Eingabe der Zeichenfolge &&H). Dabei werden ihm in einem Informationsteil Information über die
einzelnen Parameter und Textinformation über den Sinn und Zweck
des jeweiligen Befehls ausgegeben, ehe mit dem parameterweisen
Anfordern von Werten begonnen wird.

<u>Integrationstest:</u>
Der Integrationstest hat die Aufgabe, die korrekte Funktions-
fähigkeit eines Systems nachzuweisen. Der hierin zu investie-
rende Aufwand hängt von den Qualitäten des Software-Entwurfes,
den verwendeten Testmethoden und sehr wesentlich auch davon ab,
wie vertraut der den Test durchzuführende Mitarbeiter mit den
Details des Software-Entwurfes ist.

<u>Komplex:</u>
Bei der Beschreibung des Steuersystems MEBA werden die Bezeich-
nungen Modul, Routine und Komplex synonym gebracht.

<u>Komplexitätsebene:</u>
Beim Steuersystem MEBA werden fünf Komplexitätsebenen (=Mengen
von Komplexen) betrachtet, die zueinander in hierarchischer Beziehung stehen. Diese fünf Komplexitätsebenen sind:

(K1)   zentrale Hauptprogramme,

(K2)   die Haupt- Steuerroutinen,

(K3)   Steuerung und Durchführung von Dienst- und Fachaufgaben,

(K4)   elementare Dienstroutinen,

(K5)   maschinenabhängige Routinen erster Art.

Kontext:

Ein Kontext ist eine Abbildung von Namen auf Objekte (!) eines
Systems.

Kontext eines Bausteins:

Der Kontext eines Bausteins (!) ist die Liste der Namen seiner
Externbezüge.

Methode:

Eine Methode ist ein aus Bausteinen (!) mittels einer Verknüpfungssprache (!) zusammengesetzter Softwarekomplex.

Methodenbank:

Eine Methodenbank besteht aus zwei Teilen: einer Bibliothek von
Bausteinen und einem Steuersystem zur Unterstützung der Komposition von Bausteinen (!) zu Methoden (!).

Methodensprache:

Die Methodensprache des Steuersystems MEBA ist eine Verknüpfungssprache (!) zur Unterstützung des methodenorientierten Programmierens.

Modulübergreifende Daten:

Das Erfassen, Sichtbarmachen und Auswerten modulübergreifender
und in Bezug auf ein Gesamtsystem globaler und teilglobaler Informationen ist sowohl für das Testen, als auch für die Wartung
eines Systems von eminenter Wichtigkeit.

Objekt:

Ein Objekt ist eine Software- (oder Hardware-) Struktur, die es
wert ist, sie durch einen gesonderten Namen auszuzeichnen. (Vgl.
auch 3/(JONE77))

Projektassistentin:

Tätigkeiten einer Projektassistentin bestehen in der Pflege der
Dokumentation, Prüfung der Vollständigkeit sämtlicher Dokumente,
Erfassung modulübergreifender Information, Erstellung geeigneter
Hilfsprogramme zur Erfüllung aller Aufgabenstellungen und Anfer-
tigen eines periodisch erscheinenden Projektinformationsdienstes.

Projekt-Service:

Der Projekt-Service besteht im wesentlichen aus der Tätigkeit
einer Projektassistentin (!).

Software-Physik:

Die Software-Physik befaßt sich - ähnlich wie viele Teile der
Physik - damit, auf empirischem Wege über die Durchführung von
Messungen zu Gesetzmäßigkeiten über Software zu gelangen, die
etwa in Form von Formeln für Praxis wertvoll sind. Analogismen
zu Physik scheinen die Untersuchung software-technologischer
Grundlagenprobleme zu befruchten, vgl. 4/(HALS77).

Strukturbaum:

Ein Strukturbaum besteht aus Knoten und Kanten. Er repräsentiert
ein Programm, bei dem die Knoten die in diesem Programm auszuführenden Aktionen und die Kanten den Kontrollfluß der Aktionen
darstellen.

Systemdienst:

Ein Systemdienst ist eine dem Benutzer eines Betriebssystems zur
Verfügung stehende Funktion, die komplexer als eine einzelne Maschineninstruktion ist. Er repräsentiert eine spezielle Leistung
dieses Systems, die der Benutzer - in der Regel auf dem Niveau
der Assemblersprache - verwenden kann.

Systemverwalter:

Der Systemverwalter hat die Aufgabe, die zentralen Dateien eines
Methodenbanksystems zu pflegen und die übrigen Benutzer über
wichtige Veränderungen, wie z.B. Aufnahme von neuen Bausteinen,
zu informieren. Ferner überwacht er die Benutzung der Methodenbank.

<u>Allgemeine Abkürzungen:</u>

BMDP | Biomedical Computer Programs
CAP | CAP-Sogetti Logiciel, Montrouge, Frankreich
(französisches Softwarehaus)
DLL | Dynamic Link Loader
EBNF | Extended Backus Naur Form
ESD | External Symbol Dictionary
GMD | Gesellschaft für Mathematik und Datenverarbeitung
IAW | Institut für Angewandte Wirtschaftsforschung,
Tübingen
IST | Informationssystem Technik
MBP | Mathematischer Beratungs- und Programmierungs-
dienst GmbH, Dortmund
MEBA | Methodenbank
METHAPLAN | Methodenbank-Ablaufsystem für Planung und Analyse
NAG | National Algorithms' Group
OLS | Ordinary Least Square
SIMA | Simulations-Algorithmen
Sof Tech | Soft Tech Inc., Waltham, MA02154
(amerikanisches Softwarehaus)
SPSS | Statistical Package for the Social Siences
TAS | Telefunken-Assembler-Sprache

<u>Spezielle Abkürzungen:</u>

Im folgenden sind die im Text verwendeten MEBA-spezifischen Abkürzungen zusammengestellt. Dabei wird der Teilabschnitt angegeben, wo die Abkürzung eingeführt wird.

DAP | MEBA-Editierungsdatei
<u>eps</u> | Maschinen-Epsilon
<u>eta</u> | kleinste darstellbare positive
Gleitpunktzahl einfacher Genauigkeit
IFEHL | Fehlergewicht
LAD | letztes Änderungsdatum
MAD | MEBA-Arbeitsdatei

MBD	MEBA-Benutzerdatei
MEBATEXT	Quellhaltungsdatei: Systemtexte und Steuerdaten
RC	Fehlernummer (Rückkehrcode)
RDIENSTi	Quellhaltungsdatei: MEBA-Dienstroutinen (i = 1,2,...)
RHAUPT	Quellhaltungsdatei: MEBA-Hauptprogramme
RMACRO	Quellhaltungsdatei: Macros für Siemens- und IBM-Version
RMETH	Quellhaltungsdatei: Routinen der Methodensprache
TMEBAi	Quellhaltungsdatei: Telefunkenspezifische Routinen (i = 1,2,...)
tol	Maschinentoleranz
SMEBAi	Quellhaltungsdatei: Siemensspezifische Routinen (i = 1,2,...)
YHTEST	Programm: Testgenerator
ZSB	Zentraler Steuerblock

<u>Literaturverzeichnis</u>

1. Berichte zum Projekt Ökonometrische Methodenbank (MEBA)

1/(BMWI78)   B M W I
    Ökonometrische Methodenbank - Neues Instrument im Be-
    reich gesamtwirtschaftlicher Analysen und Projektionen.
    Studienreihe 22, BMWI, Bonn, 1978

1/(HAUE75)   K.-H.Hauer et al.
    Konzept für ein Software-System zur Steuerung von
    FORTRAN-Moduln im Rahmen einer Ökonometrischen Methoden-
    bank. MBP Dortmund, 1975

1/(HAUE76)   K.-H.Hauer et al.
    Feinkonzept für ein Software-System zur Steuerung von
    FORTRAN-Moduln im Rahmen einer ökonometrischen Metho-
    denbank. MBP Dortmund, 1976

1/(HAUE76.1) K.-H.Hauer
    Zur Frage der Auswahl von Programmiersprachen zur Er-
    stellung eines Software-Systems zur Steuerung von
    FORTRAN-Moduln im Rahmen eines Ökonometrischen Metho-
    denbank. Projektbericht Nr. 21, IAW Tübingen, 1976

1/(HAUE77)   K.-H.Hauer, G.Hoffmann
    Konzeption einer Sprache zur Verknüpfung von Elementen
    einer Methodenbank. Projektbericht Nr. 26, IAW Tübingen,
    1977

1/(LANG76.1)   W.Lange
    Zur Frage einer Kopplung eines Methodenbanksystems mit
    fremden Datenbanken. Projektbericht Nr. 17, IAW Tübin-
    gen, 1976

1/(SCHI76)   B.Schips
    Informationen zum Projekt Ökonometrische Methodenbank.
    Projektbericht Nr. 22, IAW Tübingen, 1976

1/(SCHR75)   V.Schroer
    Bericht zur Konzeption eines Modellinterpreters.
    Projektbericht Nr. 4,IAW Tübingen, Januar 1975

2. Methodenbanken

2/(ARMO71)   D.J.Armor, A.S.Couch
    The Data-Text Primer. An Introduction to Computerized
    Social Data Analysis Using the Data-Text System.
    Free Press, 866 3rd Avenue, New York, N.Y.10022, 1971

2/(BLAS77)   A.Blaser, C.E.Hackl (eds.)
    Interactive Systems. Lecture Notes in Computer Science,
    BD.49. Springer Verlag, 1977

2/(BOYL73)   J.M.Boyle, A.A.Grau
    Modular Design of a User-Organised Control Program for
    Eispack. Applied Mathematics Division Technical Memoran-
    dum No.242. Argonne National Laboratory, Illinois, 1973

2/(BRUN75)   A.Brunn, G.Lapp
    SPSS-Kurzbeschreibung. Leibnitz-Rechenzentrum der
    Bayerischen Akademie der Wissenschaft, München,
    LRZ-Benutzerschrift Nr. 7501/1, Januar 1975

2/(DIXO73) W.J.Dixon (ed.)
    BMD - Biomedical Computer Programms. University Press,
    Berkeley, Calif., 1967, 3rd Edition 1973

2/(ERBE75)   R.Erbe, G.Walch
    An Interactive Guidance System for Method Libraries.
    IBM-Deutschland, Wiss. Zentrum Heidelberg, Tr75.04.001,
    1975

2/(ERBE75.1) R.Erbe, G.Walch
    Ein Dialogsystem zur Methodensuche.In: J.Mühlbacher
    (ed.), Lecture Notes in Computer Science, BD.34,
    p.133-148, Springer Verlag 1975

2/(ESPR74)   A.C.Esprester
    Datenbank und Methodenbank.
    Data Report 9, Heft 3, 25-28 und Heft 4, 27-29, 1974

2/(ESPR76)   A.C.Esprester
    Methaplan. In: Modellierungs-Software. Bericht IPES
    76.102, GMD, Bonn, 1976

2/(EVAN74)   D.J.Evans (ed.)
    Software for Numerical Mathematics.
    Academic Press, London-New York, 1974

2/(GMD 76)   GMD
    Modellierungs-Software. Proceedings der GMD-Tagung:
    Status und Anforderunen auf dem Gebiet der Modell-Soft-
    ware. 2.-3. Bonn 1976,
    Bad Homburg, Bericht IPES 76.102, Gesellschaft für
    Mathematik und Dateinverarabeitung mbH, Bonn, 1976

2/(IBM 76)   Fa.IBM
    IBM Call Statpack - Statistisches Programmpaket des
    Call-Systems. IBM Form GH12-1074-1, 1975

2/(IBM 76)   Fa.IBM
    IBM Call AS - Benutzerhandbuch. IBM Form GE12-1363,
    1976

2/(MAIE76)   H.Mayer
    Das System SIMA. In: Modellierungs-Software, Bericht
    IPES 76.102, GMD Bonn-Birlinghoven, 1976

2/(NIE 70)   N.Nie et al.
    SPSS: Statistical Package for the Social Sciences.
    MC Graw-Hill, New York, 1970

2/(PAHL73)   P.J.Pahl
    Informationssystem Technik IST-Programmierhandbuch.
    Institut für allgemeine Bauingenieurmethoden, Technische
    Universität Berlin. Siemens System 4004, Nr. D14/40313
    1973

2/(RICE71)   J.F.Rice (ed.)
    Mathematical Software. Academic Press, New York and
    London, 1971

2/(RIEK76)   C.Rieks
    Implementierung eines Dialogsystems zur Methodenorien-
    tierten Programmierung. Graduierungsarbeit, allgemeine
    Informatik, Furtwangen, 1976

2/(SIEM77)   Fa. Siemens
    Softwareprodukt Methaplan.
    Siemens System 7.000/4004, Nr. D15/5163-02, Februar 1977

2/(SMIT74)   B.I.Smith,J.B.Boyle,B.S.Garbow,Y.Ikebe,
              V.C.Klema,C.B.Moler
    Matrix Eigensystem Routines - Eispack Guide. Lecture
    Notes Series in Computer Science, Vol.6, Springer Verlag
    1974

3. Software Engineering

3/(BAKE72)   F.T.Baker
    Chief Programmer s Team Management of Production Pro-
    gramming. IBM Systems Journal, $\underline{11}$(1972)56-73

3/(BAUE75)   F.L.Bauer (ed.)
    Software Engineering, An Advanced Course.
    Lecture Notes in Computer Science, Bd. 30, Springer
    Verlag, 1975

3/(BAUE76)   F.L.Bauer, K.Samelson (eds.)
    Language Hierarchies and Interfaces. Lecture Notes in
    Computer Science, Bd.46, Springer Verlag, 1976

3/(BAYE78)   R.Bayer, R.M.Graham, G.Seegmüller (eds.)
    Operating Systems, An Advanced Course.
    Lecture Notes in Computer Science, Bd. 60, Springer
    Verlag, 1978

3/(BROO75)   F.P.Brooks
    The Mythical Man-Month. Essays on Software Engineering.
    Addison-Wesley Publishing Company, Reading, Mass., 1975

3/(BUXT70)   J.N.Buxton, B.Randell (eds.)
    Software Engineering Techniques. Report on a Conference
    Sponsered by the NATO Science Committee,
    Rome, Italy, 27th t0 31th October 1969.
    Scientific Affairs Division, NATO, Brussels, 1970

3/(CAP,75)   CAP Sogetti Logiciel,
    Methodologie de Conduite et Realisation d´un Projet.
    CAP, Montrouge, 1975

3/(DIJK68)   E.W.Dijkstra
    A Constructive Approach to the Problem of Program
    Correctness. Information Technology, $\underline{8}$(1968)174-186

3/(FERR75)   D.Ferrari, M.Liu
    A General-Purpose Measurement Tool.
    Software P & E, $\underline{5}$(1975)181-192

3/(FLOY67)   R.W.Floyd
    Assigning Meanings to Programs.
    Proc.Symp.Appl.Math., Amer.Math.Soc.,$\underline{19}$(1967)19-32

3/(HACK75)   C.E.Hackl, (ed.)
    Programming Methodology.
    Lecture Notes in Computer Science, Bd. 23, Springer
    Verlag, 1975

3/(HALS77)   M.H.Halstead
    Elements of Software Science.
    North Holland, Amsterdam, 1977

3/(HAUE79)   K.-H.Hauer
    Methodenbank - Monitorsysteme und ihre Einsatzmöglich-
    keiten. In: K.H.Böhling, P.P.Spies (eds.) - GI - 9. Jah-
    restagung, Informatik-Fachberichte Bd.19, Springer Ver-
    lag, 1979, p.262-273

3/(HETZ73)   W.C.Hetzel (ed.)
    Program Test Methods.
    Prentice-Hall, Inc., Englewood Cliffs, New Yersey, 1973

3/(HORO75)   E.Horowitz (ed.)
    Practical Strategies for Developing Large Software
    Systems. Addison-Wesley Publishing Company, Reading,
    1975

3/(INFO77)   INFOTECH
    Software Engineering Techniques. INFOTECH State of the
    Art Report, 2 Vols. Nicholson House, Maidenhead,
    England, 1977

3/(JACK75)   M.A.Jackson
    Principles of Program Design.
    Academic Press, London - New York. 1975

3/(JONE78)   A.K.Jones
    The Object Model: A Tool for Structuring Software.
    In: R.Bayer et al. (eds.), Operating Systems, An
    Advanced Course, Lecture Notes in Computer Science,
    Bd.60, Springer Verlag, 1978, p.7-16

3/(KING71)   J.King
    A Verifying Compiler. In: R.Rustin (ed.), Debugging
    Techniques in Large Systems, 1971

3/(KING75)   J.C.King
    A New Approach to Program Testing. In: C.E.Hackl (ed.)
    Programming Methodology, Lecture Notes in Computer
    Science, Bd.23, Springer Verlag, 1975, p.278-290

3/(LISK75)   B.H.Liskov, S.N.Zilles
    Specification Techniques for Data Abstractions. IEEE
    Transactions on Software Engineering, SE-1(1975)7-18

3/(LYON75)   G.Lyon, R.B.Stillman
    Simple Transforms for Instrumenting FORTRAN Decks.
    Software P & E, 5(1975)347-358

3/(MART73)   J.J.Martin
    The 'Natural' Set of Basic Control Structurs.
    Sigplan Notices, 8(1973)5-14

3/(NAUR69)   P.Naur, B.Randell
Software Engineering. Report on a Conference Sponsered
by the NATO Science Committee, Garmisch, Germany, 7th to
11th October 1968. Scientific Affairs Division, NATO
Brüssel, 1969.

3/(PARN72)   D.L.Parnas
A Technique of Software Module Specification with
Examples. CACM, 15(1972)330-336

3/(POME72)   J.W.Pomcroy
A Guide to Programming Tools and Techniques.
IBM Systems J., 11(1972)234-254

3/(RISA76)   V.Risak
Methoden der rationellen Programmentwicklung.
Carl Hanser Verlag, München-Wien, 1976

3/(ROSS77)   D.T.Ross
Structured Analysis (SA): A Language for Communicating
Ideas. IEEE Trans. Softw. Eng. SE-3 (1977)16-34

3/(RUST71)   R.Rustin (ed.)
Debugging Techniques in Large Systems.
Prentice-Hall, Englewood Cliffs, N.J., 1971

3/(SALT78)   J.H.Saltzer
Naming and Binding of Objects.
In: R.Bayer et a. (eds.), Operating Systems, An
Advanced Course, Lecture Notes in Computer Science,
Bd.60, Springer Verlag, 1978, p.99-208

3/(WEGN74)   E.Wegner
Baumstrukturierte Programme.
Diss. Techn. Univ. Berlin, 1974

3/(WINK76)   J.F.H.Winkler
Schleifen und strukturierte Programmierung.
Elektr. Rechenanl.,18(1976)172-179

3/(WIRT75)   N.Wirth
Systemprogrammierung aus der Sicht der Universität.
In: C.E.Hackl (ed.) Programming Methodology, Lecture
Notes in Computer Science, Bd.23, Springer Verlag, 1975,
p.192-202

3/(WORL71)   W.Worley,Jr.
Toward Automatic Debugging of Low Level Code.
IBM Corporation, Systems Development Division,
Poughkeepsie, N.Y., TR 002211, Juli 1971

4. Monographien und Lehrbücher über Teilgebiete der Informatik
----

4/(DATE75)   C.J.Date
   An Introduction to Database Systems.
   Addison-Wesley Publiishing Company, 1975

4/(DONO72)   J.J.Donovan
   Systems Programming.
   McGraw Hill Kogakusha Ltd., Tokyo, 1972

4/(GRIE71)   D.Gries
   Compiler Construction for Digital Computers.
   John Wiley & Sons, Inc., New York, London, Sydney,
   Toronto, 1971

4/(KERN74)   B.W.Kernighan, P.J.Plauger
   The Elements of Programming Style. McGraw Hill, 1974

4/(KOPE76)   H.Kopetz
   Softwarezuverlässigkeit.
   Carl Hanser Verlag, München, Wien, 1976

4/(KUPK75)   I.Kupka, N. Wilsing
   Dialogsprachen. Teubner-Verlag, Stuttgart, 1975

4/(LOCK78)   P.Lockemann, H.C.Mayr
   Rechnergestützte Informationssysteme. Springer Verlag,
   1978

4/(MADN74)   S.E.Madnik, J.J.Donovan
   Operating Systems. McGraw Hill, 1974

4/(MÜHL75)   J.Mühlbacher
   Datenstrukturen. Carl Hanser Verlag, München, Wien, 1975

4/(SIEB74)   H.Siebert
   Höhere FORTRAN-Programmierung. Eine Anleitung zum opti-
   malen Programmieren. Walter de Gruyier, Berlin, 1974

4/(WIRT75)   N.Wirth
   Algorithmen und Datenstrukturen.
   Teubner-Verlag Stuttgart, 1975

5. Portabilität

5/(ANSI66)   American National Standards Institute
    American National Standard FORTRAN.
    ANS X3.10.1966, ANSI, New York, 1966

5/(ANSI76)   American National Standards Institute Sub-
              committee S3J3.
    Draft Proposed ANS FORTRAN. ACM SIGPLAN Notices,
    11(1976)

5/(BONG78)   D.Bongartz, G.Grellich, W.Langenheder,
              H.Züllichhoven
    Proceedings des SIZSOZ Workshop 78.1. GDM, Institut für
    Software-Technologie, St.Augustin, 1978

5/(BOYL73)   J.M.Boyle
    Portability Problems and Solutions in NATS.
    Proc. of the Software Certification Workshop, W. Cowell
    (Ed.). Argonne National Laboratory,(1973)80-89

5/(BROW77)   P.J.Brown (ed.)
    Software Portability
    An Advanced Course, Cambridge University Press,
    Cambridge, 1977

5/(COWE77)   W.Cowell (ed.)
    Portability of Numerical Software.
    Lecture Notes in Computer Science, Bd.57, Springer
    Verlag, 1977

5/(EVAN74)   D.J.Evans (Ed.)
    Software for Numerical Mathematics.
    Proc. of the Loughborough University of Technology Con-
    ference of the Institute of Mathematics and its Applica-
    tions. Academic Press, London and New York, 1974

5/(FORD72)   B.Ford
    Developing a Numerical Algorithms Library.
    Bull.Inst.Math. and its Appl.,8(1972)332-336

5/(FORD74)   B.Ford, S.J.Hague
    The Organisation of Numerical Algorithms Libraries.
    In: Software for Numerical Math., Evans (ed.),357-372,
    Academic Press, 1974

5/(FORD76)   B.Ford
    Machine Characteristics and Their Parametrisation in
    Numerical Software.
    Mimeographed Note. 22 January 1976, NAG, Oxford

5/(FORS70)   G.Forsythe
    Pitfalls in Computation, or Why a Math Book isn´t
    Enough. American Math. Monthly, $\underline{77}$(1970)931-956

5/(GEC 76)   General Electric Company
    FORTRAN 77 / FORTRAN IV Comparisons.
    General Electric Company, USA, 1976

5/(GENT74)   W.M.Gentleman, S.B.Marovich
    More on Algorithms to Reveal Properties of Floating-
    Point Arithmetic. CACM $\underline{17}$(1974)276-277

5/(GIER77)   W.Giere, J.P.Heger, N.Krier
    ´Portabilität´ von FORTRAN-Programmen auf Kleinrechnern
    Statistical Software Newsletter, $\underline{3}$(1977)20-21

5/(HAGU76)   S.J.Hague, B.Ford
    Portability - Prediction and Correction.
    Software P & E, $\underline{6}$(1976)61-69

5/(KATZ78)   H.Katzan, Jr.
    FORTRAN 77. Van Nostrand Reinhold Company, 1978

5/(KERN75)   B.W.Kerninghan
    RATFOR - A Preprocessor for Rational FORTRAN.
    Software P & E, $\underline{5}$(1975)395-406

5/(KNUT71)   D.E.Knuth
    An Empirical Study of FORTRAN-Programs.
    Software P & E, $\underline{1}$(1971)105-133

5/(KNUT74)   D.E.Knuth
    Structured Programming with GOTO Statements.
    Computing Surveys, $\underline{6}$(1974)261-302

5/(KRAY74)   H.Krayl, K.-D.Mayer, C.Stolz, C.Unger,
             T.Weller, W.Ziegler
    Kommandosprachen.
    Forschungsgruppe Job-Control-Sprachen, Bericht 05/74
    Institut für Informatik, Universität Stuttgart, 1974

5/(MUXW70)   D.T.Muxworthy
    Dialects of FORTRAN. Proc. Seas XV Conference, Munich,
    PP.235-244, SEAS, Nijmegen, 1970

5/(MUXW72)   D.T.Muxworthy
    Standard FORTRAN - A Short History.
    Computer Bulletin, $\underline{16}$(1972)211-213

5/(MUXW72.1) D.T.Muxworthy
    On the Portability of FORTRAN Programs.
    Management Informatics, $\underline{1}$(1972)125-127

5/(MUXW76)   D.T.Muxworthy
    A Review of Program Portability and FORTRAN Conventions.
    EUROCOPI, ISPRA, Italy, 1976

5/(MUXW76.1) D.T.Muxworthy
    The New Standard FORTRAN.
    Seas Newsletter, June 1976, Seas, Nijmegen, 1976

5/(NAG 74)   The N A G Annual Report(1973/74)
    NAG Central Office, Oxford University Computing
    Laboratory, 13 Banbury Road, Oxford, U.K., 1973/74

5/(NAUR67)   P.Naur
    Machine Dependent Programming in Common Languages.
    BIT, $\underline{7}$(1967)123-131

5/(PARE75)   C.Parent
    Méthode de Charactérisation Fonctionelle des Systèmes
    Logiciels. Application au Cas des Systèmes de Fichiers.
    Thêse de Troisième Cycle, No.1.P.75-21, Univ.Paris VI
    1975

5/(POOL69)   P.C.Poole, W.M.Waite
    Machine Independent Software.
    Proc. ACM, 2nd Symp.Oper.Syst.Principles, Princeton,
    N.J., Obtober 1969

5/(POOL71)   P.C.Poole
    Software Portability. Software 71,(1971)32-35

5/(POOL72)   P.C.Poole, W.M.Waite
    Portable Systems Software.
    INFOTECH, State of the Art Report 9, 1972

5/(POOL75)   P.C.Poole, W.M.Waite
    Portability and Adaptability. In: F.L.Bauer (ed.),
    Software Engineering, An Advanced Course.
    Lecture Notes in Computer Science. Bd.30, Springer Ver-
    lag, 1975, p.183-276

5/(PREN74)   J.A.Prentice
    The Development and Maintenance of Multi-Machine Soft-
    ware in the NAG Project. In: Software for Numerical
    Math., Evans (ed.),383-391, 1974

5/(ROSD76)   M.Rosendahl
    Bogol-String, Eine Flexible Zeichenkettenverarbeitung in
    Algol 60. Ruhr Univ. Bochum, Arbeitsbericht Nr. 7602
    März 1976

5/(RYDE 0)   B.G.Ryder
    The FORTRAN Verifier: User´s Guide.
    Computing Science Technical Report No.12,
    Bell Telephone Laboratories, McGray Hill, N.J.

5/(RYDE72)   B.G.Ryder
    The FORTRAN Verifier: Motivation and Implementation.
    Bell Telephone Laboratories, McGray Hill, N.J.
    (Unpublished), 1972

5/(RYDE74)   B.G.Ryder
    The PFORT Verifier. Software P & E, $\underline{4}$(1974)359-377

5/(SABI76)   M.A.Sabin
    Portability - Some Experiences with FORTRAN.
    Software P & E, $\underline{6}$(1976)393-396

5/(SMIT74)   B.T.Smith, J.M.Boyle, W.J.Cody
    The NATs Approach to Quality Software. In: Software for
    Numerical Math., Evans(Ed.),393-405, 1974

5/(WAIT71)   W.M.Waite
    Input/Output Conventions for Abstract Machines. Proc.
    Culham Symosium on Software Engineering, London: HM-O
    1971

5/(WAIT73)   W.M.Waite
    Implementing Software for Non-Numeric Applications.
    Prentice-Hall, Inc./Englewood Cliffs, N.J., 1973

5/(WAIT75)   W.M.Waite
    Hints on Distributing Portable Software.
    Software P & E, $\underline{6}$(1975)295-308

5/(WOOL77)   J.D.Woolley
    FORTRAN: A Comparison of the New Proposed Language
    (1976) to the old Standard (1966).
    SIGPLAN Notices, $\underline{12}$ (7), July 1977, p.112-125

5/(ZEMA67)   H.Zemanek
    Alphabete und Codes 1967 der Datenverarbeitung.
    R. Oldenbourg, München-Wien, 1967

6. sonstige Literatur

6/(BUCH74)   R.Buchmann
    BODAT, ein schnelles und platzsparendes System zur
    Datenmanipulation und -speicherung in Algol 60 und
    FORTRAN. Ruhr-Univ. Buchum, Arbeitsberichte des Rechen-
    zentrums. Nr.7405, 1974

6/(BAUE68)   H.Bauer
    Wahrscheinlichkeitstheorie und Grundzüge der Maßtheorie.
    W.de Gruyter, Berlin, 1968

6/(DWOR72)   S.Dworatscheck, H.Donike
    Wirtschaftlichkeitsanalyse von Informationssystemen.
    W.de Gruyter, Berlin, 1972

6/(FORS71)   G.E.Forsythe, D.B.Moler
    Computer-Verfahren für lineare Algebraische Systeme.
    Verfahren der Datenverarbeitung. R.Oldenburg, 1971

6/(GENT73)   W.M.Gentleman
    On the Relevance of Various Cost Models of Complexity.
    In: J.F.Traub(Ed.), Complexity of Sequential and
    Parallel Numerical Algorithms. Academic Press, 1973

6/(MCGE69)   W.C.McGee
    Generalized File Processing.
    In: Annual Review in Automatic Programming 5, M.I.Halper
    et al.(ed.) Pergamon Press, 1969, p.77-149

6/(SCHÖ69)   P.Schönfeld
    Methoden der Ökonometrie. Verlag Franz Vahlen GmbH,
    Berlin und Frankfurt a.M., 1969

6/(SCHR77)   V.Schroer
    (persönliche Mitteilung)

6/(SHNE77)   B.Shneiderman, R.Mayer, D.McKay, P.Heller
    Experimental Investigations of the Utility of Detailed
    Flowcharts in Programming.
    CACM, 20(1977)373-381

6/(UNGE75)   C.Unger(ed.)
    Command Languages. North-Holland, Amsterdam, 1975

```
 28   5/(HAGU76)    S.J.Hague
 77   3/(HALS77)    M.H.Halstead
186   4/(HALS77)
 21   1/(HAUE76)    K.-H.Hauer
124   1/(HAUE76)
168   1/(HAUE75)


 36   3/(JONE77)    A.K.Jones
185   3/(JONE77)


140   5/(KATZ78)    H.Katzan,Jr.
 31   4/(KERN74)    B.W.Kerninghan
 60   4/(KERN74)
 70   3/(KING71)    J.King
 77   5/(KNUT71)    D.E.Knuth
147   5/(KRAY74)    H.Krayl
 11   4/(KUPK76)    I.Kupka


---                 W.Langenheder, vgl. 5/(BONG78)
---                 M.Liu, vgl. 3/(FERR75)


---                 K.-D.Mayer, vgl. 5/(KRAY74)
 70   6/(MCGE69)    W.C.McGee
119   6/(MCGE69)
124   6/(MCGE69)
 57   4/(MEUL75)    J.Mühlbacher
143   4/(MUEL75)
119   4/(MUEL75)
123   4/(MUEL75)
182   4/(MUEL75)
 52   5/(MUXW76)    D.T.Muxworthy


 49   3/(NAUR69)    P.Naur
 53   5/(NAUR67)
  4   2/(NIE 70)    N.Nie
181   2/(NIE 70)


 41   5/(PARE75)    Ch.Parent
---                 P.J.Plauger, vgl. 4/(KERN74)
 50   5/(POOL75)    P.C.Poole


---                 B.Randell, vgl. 3/(BUXT70)
 35   2/(RIEK76)    C.Rieks
 65   5/(ROSD76)    M.Rosendahl
 55   3/(ROSS77)    D.T.Ross
 60   3/(ROSS77)
 23   5/(RYDE74)    B.G.Ryder
```

32	3/(SALT77)	J.H.Saltzer
36	3/(SALT77)	
106	1/(SCHI76)	B.Schips
175	6/(SCHO69)	P.Schönfeld
174	6/(SCHR77)	V.Schroer
	4/(SIEB74)	H.Siebert
12	2/(SIEM75)	Fa. Siemens
21	5/(SMIT74)	B.T.Smith
28	5/(SMIT74)	
---		O.Stolz, vgl. 5/(KRAY74)

| 12 | 6/(UNGE75) | C.Unger |
| --- | | C.Unger, vgl. 5/(KRAY74) |

52	5/(WAIT75)	W.M.Waite
---		G.Walch, vgl. 2/(ERBE75)
---		T.Weller, vgl. 5/(KRAY74)
---		N.Wilsing, vgl. 4/(KUPK75)
127	4/(WIRT75)	N.Wirth
140	5/(WOOL77)	J.D.Woolley
70	3/(WORL71)	W.Worley

| --- | | W.Ziegler, vgl. 5/(KRAY74) |
| --- | | H.Züllighoven, vgl. 5/(BONG78) |

Alphabetisches Stichwortverzeichnis

Die einzelnen Stichworte sind folgendermaßen klassifi-
ziert:

D   Definition

A   allgemeine Abkürzung

S   bekanntes Softwaresystem bzw. Softwaretechnik

F   FORTRAN-Sprachelement

M   MEBA-spezifischer Begriff

P   Name eines Programms

G   Stichwort als Eintrag im Glossar

U   Stichwort, welches als Teil einer Überschrift
        eines Teilabschnittes auftritt


```
 38   D   Abschluß eines Kontext
  3       Algorithmensammlung
181   G   Arboreszenz
120       Arboreszenz der Zeitreihen
 86       Archivierung
121   M   Art des Datenelementes
 28   A   ASA-FORTRAN
 78   D   Atom
169       Atom
183   G   Atom
183   G   atomarer Komplex
119       Authentizitätsgrad


  5   U   Baustein
  5   D   Baustein
183   G   Baustein
 39       Bausteinersteller
  8       Bausteinprogrammierer
 18       Bausteinprogrammierer
183   G   Bausteinprogrammierer
 18       Benutzer (Fachbereich)
 17   D   Benutzerklassen
183   G   Befehlssprache
 56       Beschreibung von Daten
 56       Beschreibung von Parameterlisten
```